A&D SERIES 4

BETA-PLUS

A&D SERIES 4

offices
bureaux - kantoren

BETA-PLUS

FOREWORD

This new *A&D (Architecture and Design) Series* explores the close connections between contemporary architecture, interiors and home design.

This theme is illuminated with the help of fascinating monographs on leading architects, interior designers and design companies, and also with various thematic publications.

This fourth part of the new A&D Series (A&D #4) features twelve office projects by leading architects and interior designers.

P. 2
A Glenn Sestig project.

Un projet de Glenn Sestig.

Een realisatie van Glenn Sestig.

PRÉFACE

Cette nouvelle collection *A&D (Architecture & Design) Series* explore les liens étroits qui unissent l'architecture et l'aménagement intérieur contemporains et le design.

Ce leitmotiv est illustré à l'aide de fascinantes monographies portant sur des architectes pionniers, des créateurs d'intérieur et des bureaux de design, mais aussi à travers différentes publications aux thèmes très divers.

Ce quatrième volume de la nouvelle A&D Series (A&D #4) propose au lecteur douze projets de bureaux créés par des architectes et des designers renommés, tous photographiés récemment.

VOORWOORD

In deze nieuwe *A&D (Architecture and Design) Series* worden de nauwe banden tussen hedendaagse architectuur, interieurontwerp en woondesign geëxploreerd.

Dit leidmotief wordt belicht aan de hand van boeiende monografieën van toonaangevende architecten, interieurarchitecten en designbureau's, maar ook van verschillende themagebonden publicaties.

In dit vierde deel van de nieuwe A&D Series (A&D #4) worden twaalf recente kantoorprojecten van toonaangevende architecten en designers voorgesteld.

CONTENTS

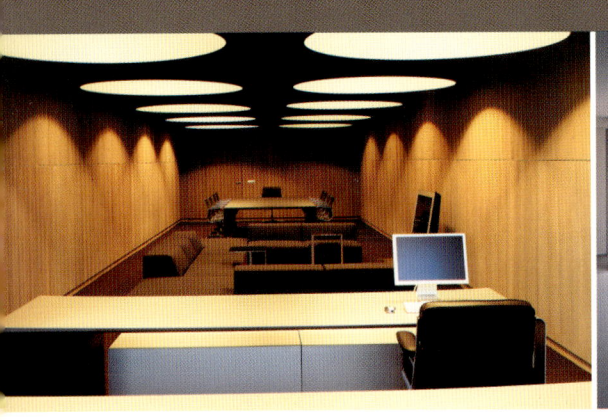

8	OFFICE C
22	CMB
36	SKYLINE
52	PUILAETCO DEWAAY PRIVATE BANKERS
68	ENTREPOT
84	SAP LOUNGE
96	O'COOL
108	DWEK ARCHITECTS OFFICE
122	CORPORATE XPERTISE
136	GLENN SESTIG ARCHITECTS OFFICE
150	V&D OFFICE
172	FORTIS PRIVATE BANKING
194	BIOGRAPHIES

SOMMAIRE

8	OFFICE C
22	CMB
36	SKYLINE
52	PUILAETCO DEWAAY PRIVATE BANKERS
68	ENTREPOT
84	SAP LOUNGE
96	O'COOL
108	DWEK ARCHITECTS OFFICE
122	CORPORATE XPERTISE
136	GLENN SESTIG ARCHITECTS OFFICE
150	V&D OFFICE
172	FORTIS PRIVATE BANKING
194	BIOGRAPHIES

INHOUD

8	OFFICE C
22	CMB
36	SKYLINE
52	PUILAETCO DEWAAY PRIVATE BANKERS
68	ENTREPOT
84	SAP LOUNGE
96	O'COOL
108	DWEK ARCHITECTS OFFICE
122	CORPORATE XPERTISE
136	GLENN SESTIG ARCHITECTS OFFICE
150	V&D OFFICE
172	FORTIS PRIVATE BANKING
194	BIOGRAFIEËN

OFFICE C

CY PEYS   INTERIOR ARCHITECTS

The studio of Cy Peys interior architects was asked to give this existing space a facelift.

They created a homogenous whole by providing the same accents to the finish throughout.

The use of stylish furniture, hardwearing materials and simple details has resulted in a timeless office environment that radiates an atmosphere that is both international and intimate.

A dynamic company in contemporary and future-oriented surroundings that resist passing trends.

Le bureau d'architectes d'intérieur Cy Peys s'est vu confier la mission de donner une nouvelle jeunesse à un bâtiment existant.

Un ensemble homogène a été créé, grâce à une harmonisation des finitions.

Le recours au mobilier de style, aux matériaux durables ainsi qu'aux détails sobres mis en œuvres, ont permis de créer un espace de travail intemporel, à la fois intimiste et à l'esprit international.

Le bureau de direction résulte en un habitat contemporain tourné vers l'avenir, destiné à une entreprise dynamique, à l'encontre des tendances éphémères.

Het bureau van Cy Peys Interieurarchitecten werd gevraagd om een bestaande ruimte een "facelift" te geven.

Er werd een homogeen geheel gecreëerd, door de afwerking overal op dezelfde manier te accentueren.

Het verwerken van stijlvol meubilair, duurzame materialen en sobere details zorgt voor een tijdloze kantooromgeving die een internationaal en toch intimistisch karakter uitstraalt.

Een eigentijdse en toekomstgerichte habitat voor deze dynamische onderneming, wars van voorbijgaande trends.

OFFICE C 13

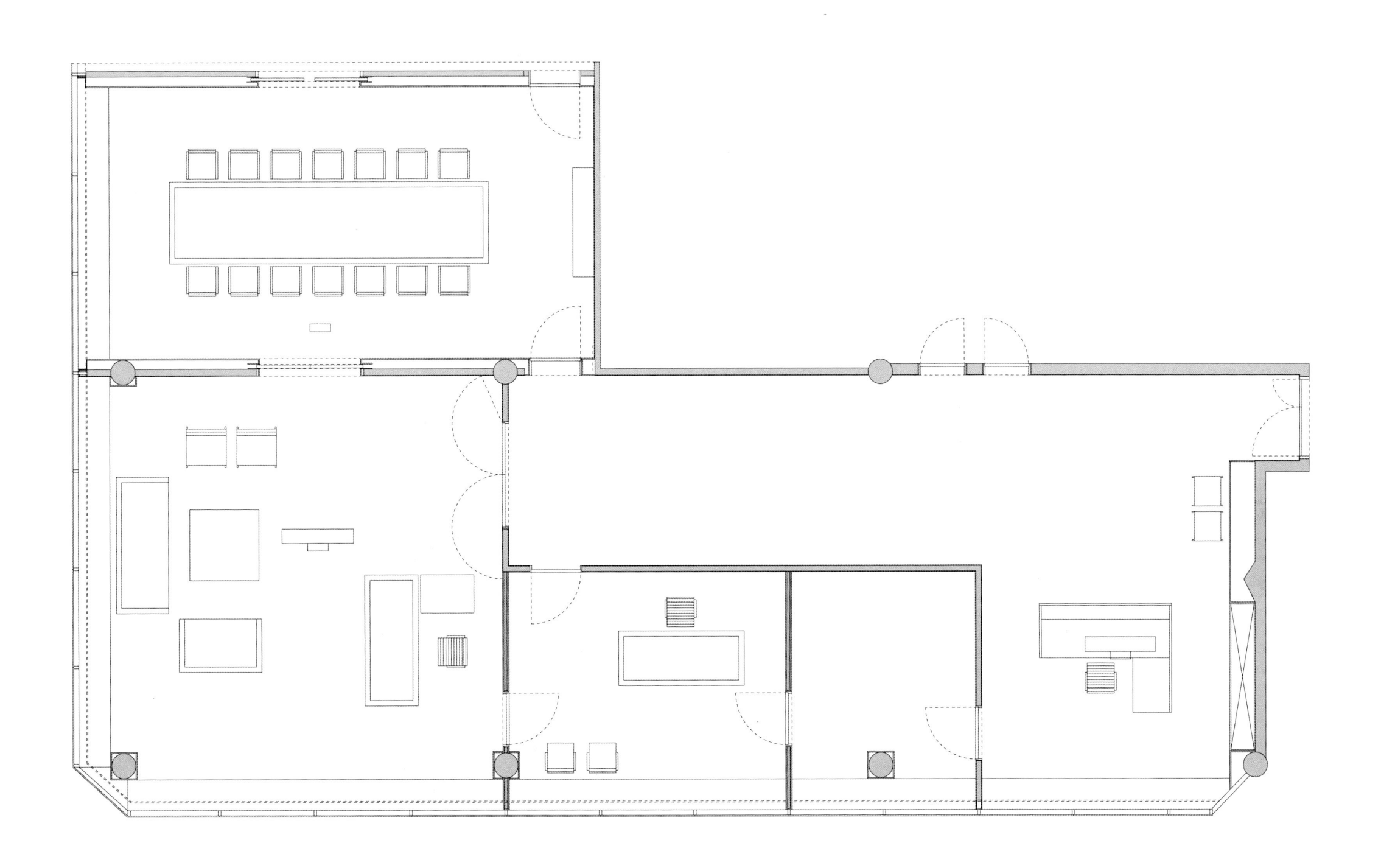

Warm minimalism: the best way to describe this project by the Cy Peys architectural studio.

Minimalisme chaleureux : voilà la caractéristique qui décrit le mieux ce projet du bureau d'architecture Cy Peys.

Een warm minimalisme: zo zou men dit project van het architectenbureau van Cy Peys het beste kunnen omschrijven.

14   OFFICE C

OFFICE C   15

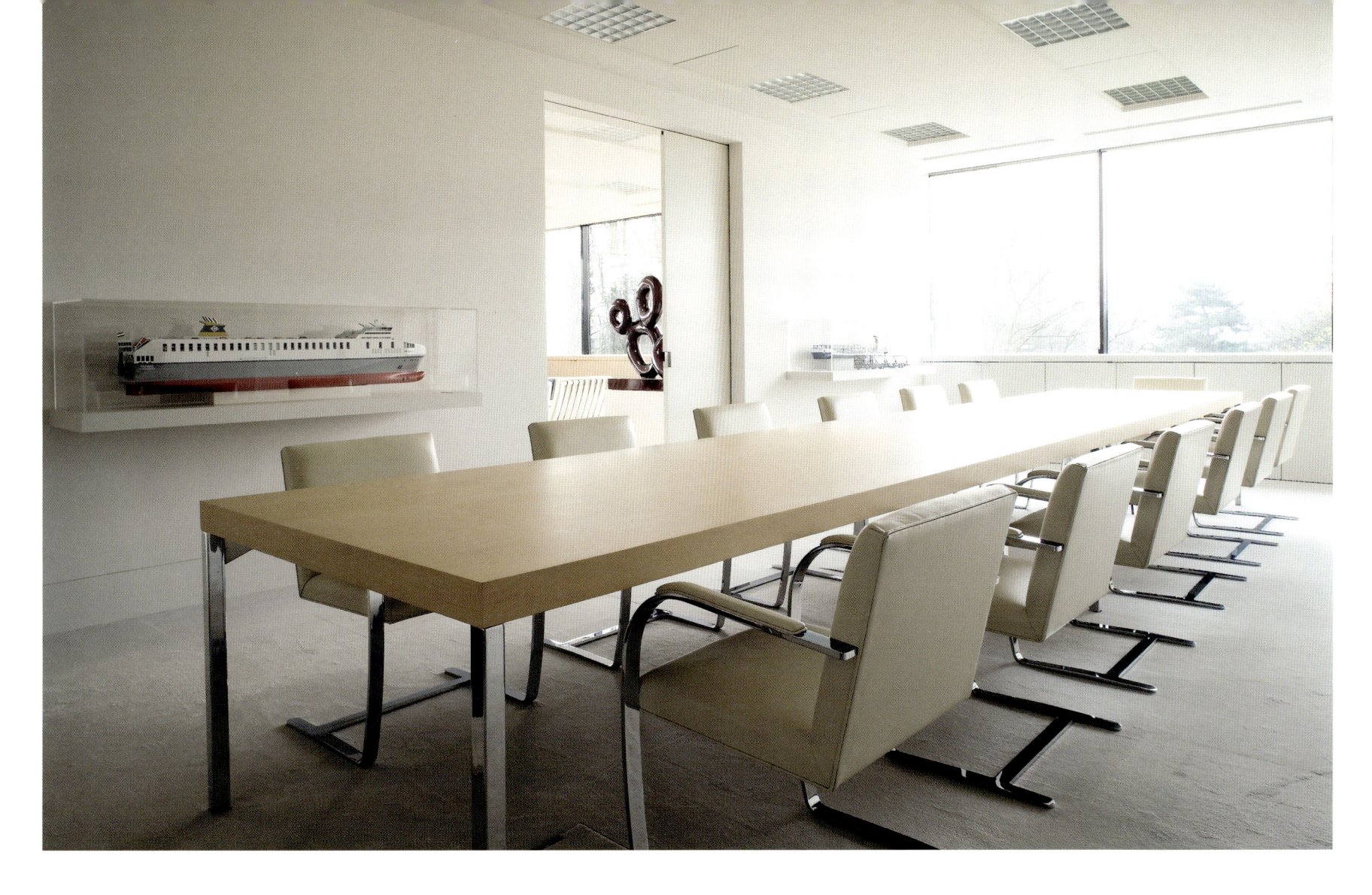

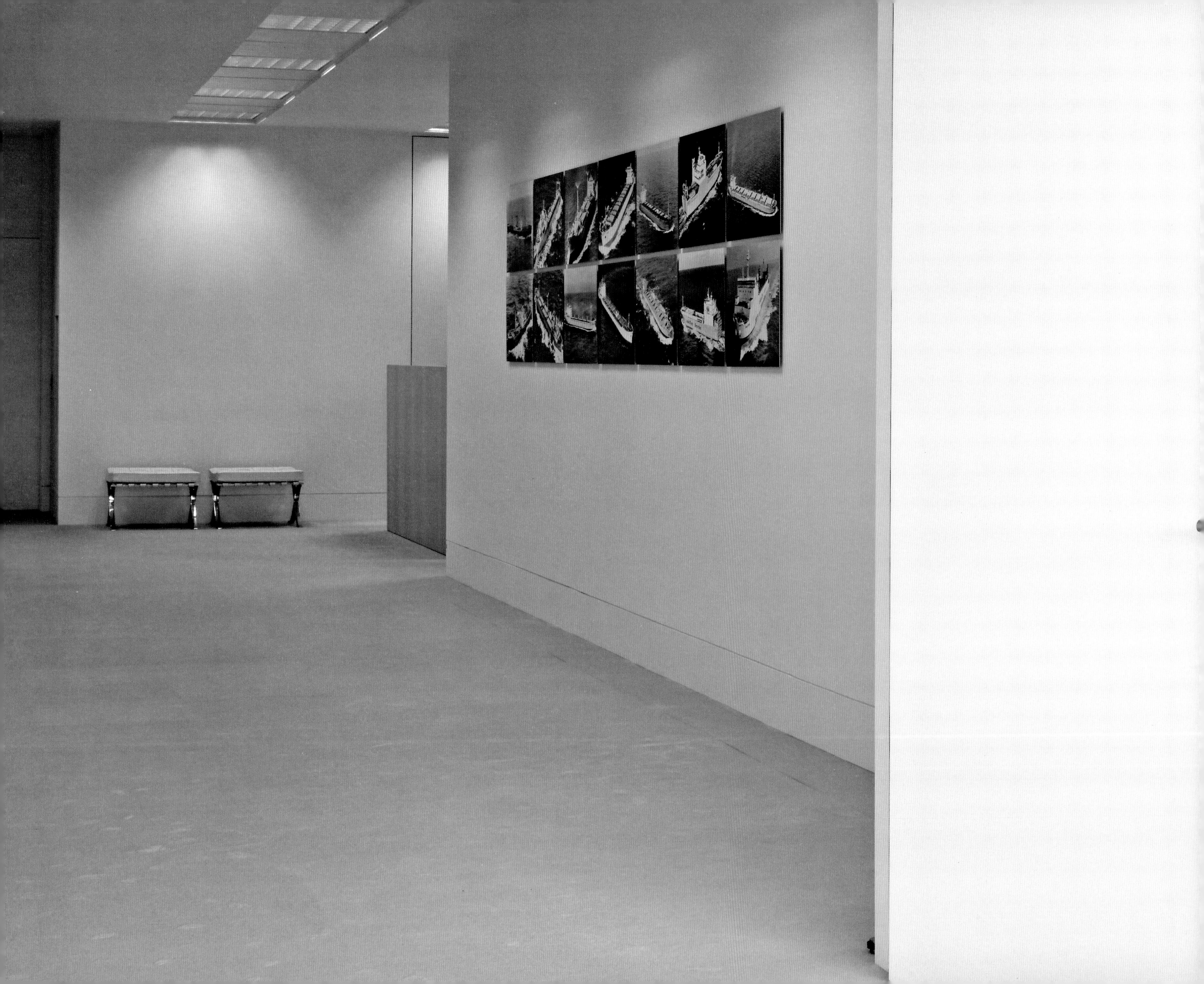

OFFICE C   17

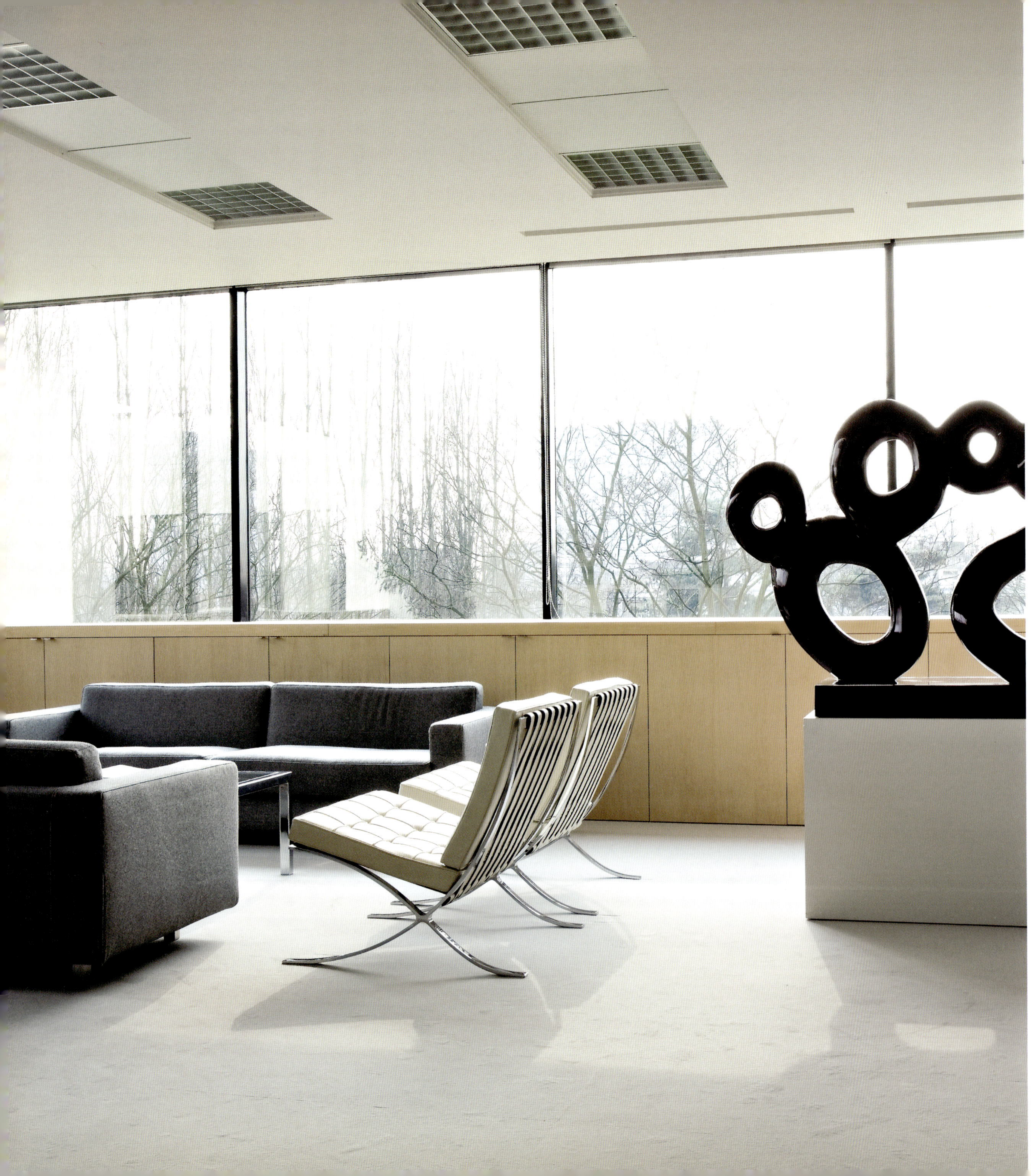

Office furniture that is both timeless and contemporary, by Mies van der Rohe (Barcelona Chair in white padded leather) and Charles & Ray Eames (Aluminium Group desk chairs in black leather).

Le mobilier de bureau, intemporel et contemporain de Mies van der Rohe (Barcelona Chair en cuir blanc capitonné) et de Charles & Ray Eames (chaises de bureau Aluminium Group en cuir noir).

Tijdloos én eigentijds kantoormeubilair van Mies van der Rohe (Barcelona Chair in wit gecapitonneerd leder) en Charles & Ray Eames (Aluminium Group bureaustoelen in zwart leder).

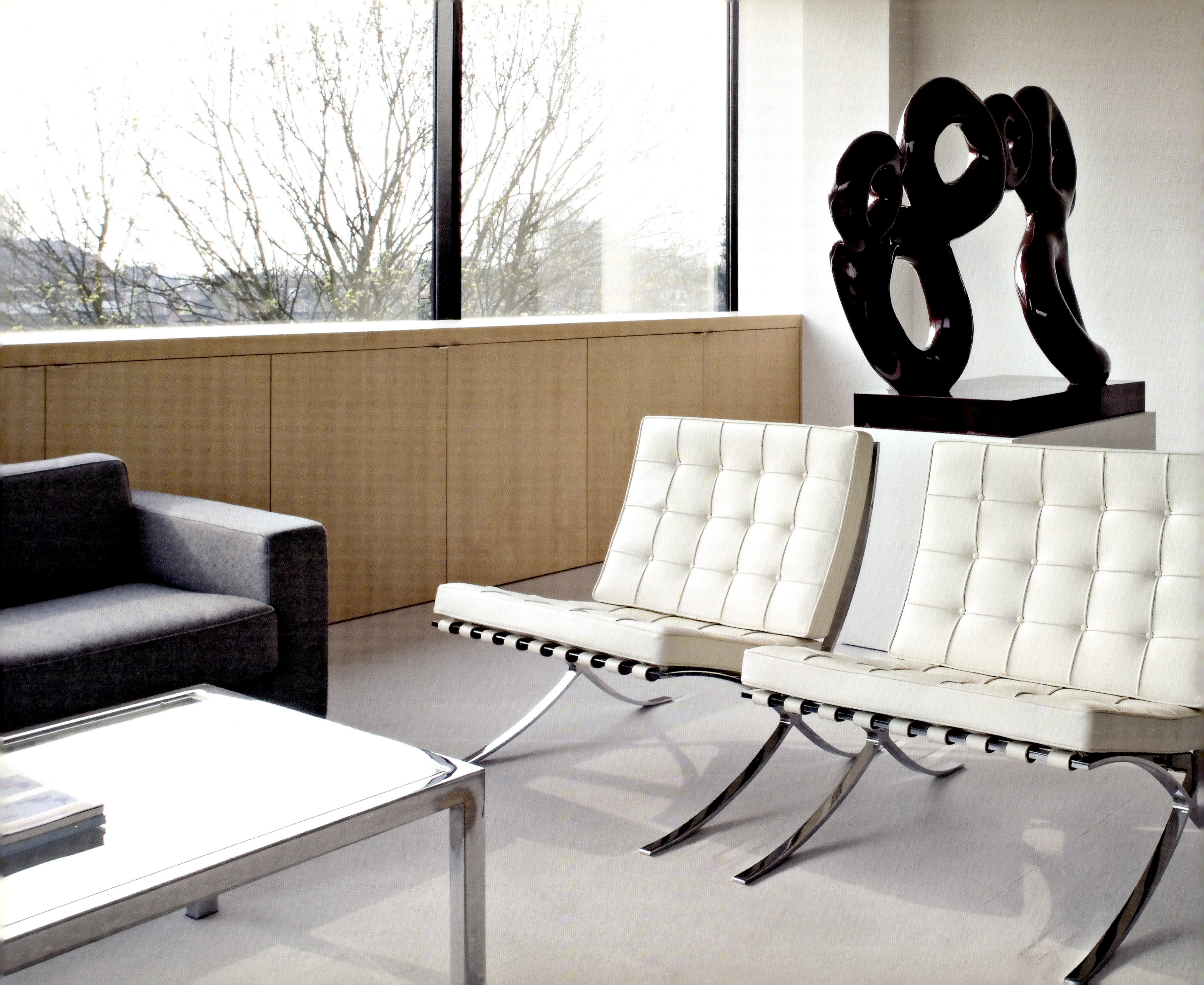

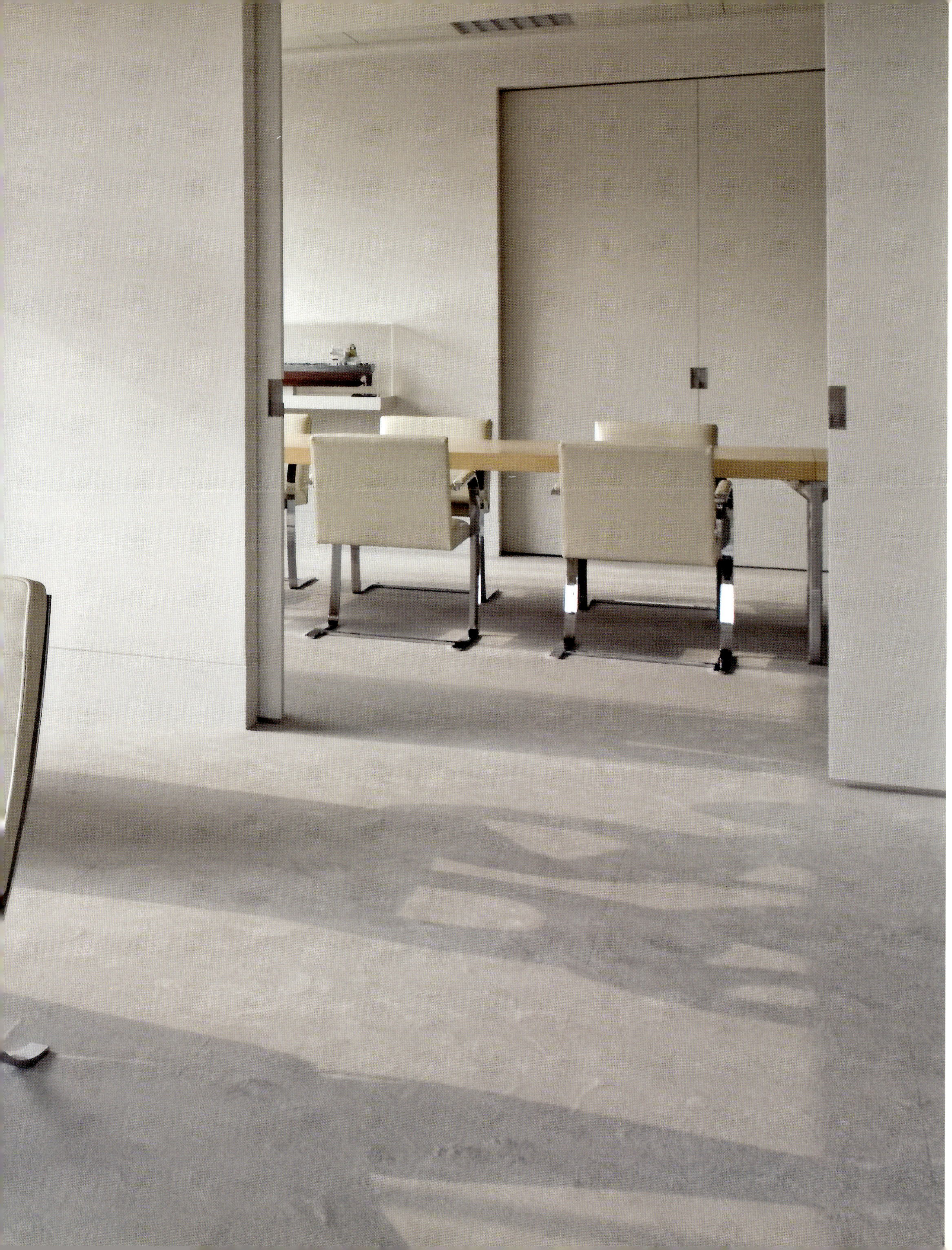

CMB

CY PEYS INTERIOR ARCHITECTS

The Cy Peys team designed a penthouse above the existing offices of CMB, which this maritime company uses for various activities.

It is a multi-functional space for meetings, dinners and conferences within which an industrial kitchen, a bar and sanitary facilities have been created.

Au-dessus des bureaux de la société CMB, l'équipe de Cy Peys a réalisé un penthouse où la compagnie maritime souhaitait y développer différentes activités.

Il s'agit d'un espace polyvalent, multifonctionnel, qui accueille réunions, conférences et dîners. Il permet aussi grâce à sa cuisine industrielle et son bar d'y organiser des réceptions.

Boven de bestaande bureaus van CMB werd door het team van Cy Peys een penthouse ontworpen waar het maritieme bedrijf verschillende activiteiten ontplooit.

Het gaat om een multi-functionele ruimte voor vergaderingen, diners en conferenties waar zowel een industriële keuken, een bar en een sanitaire ruimte gecreëerd werden.

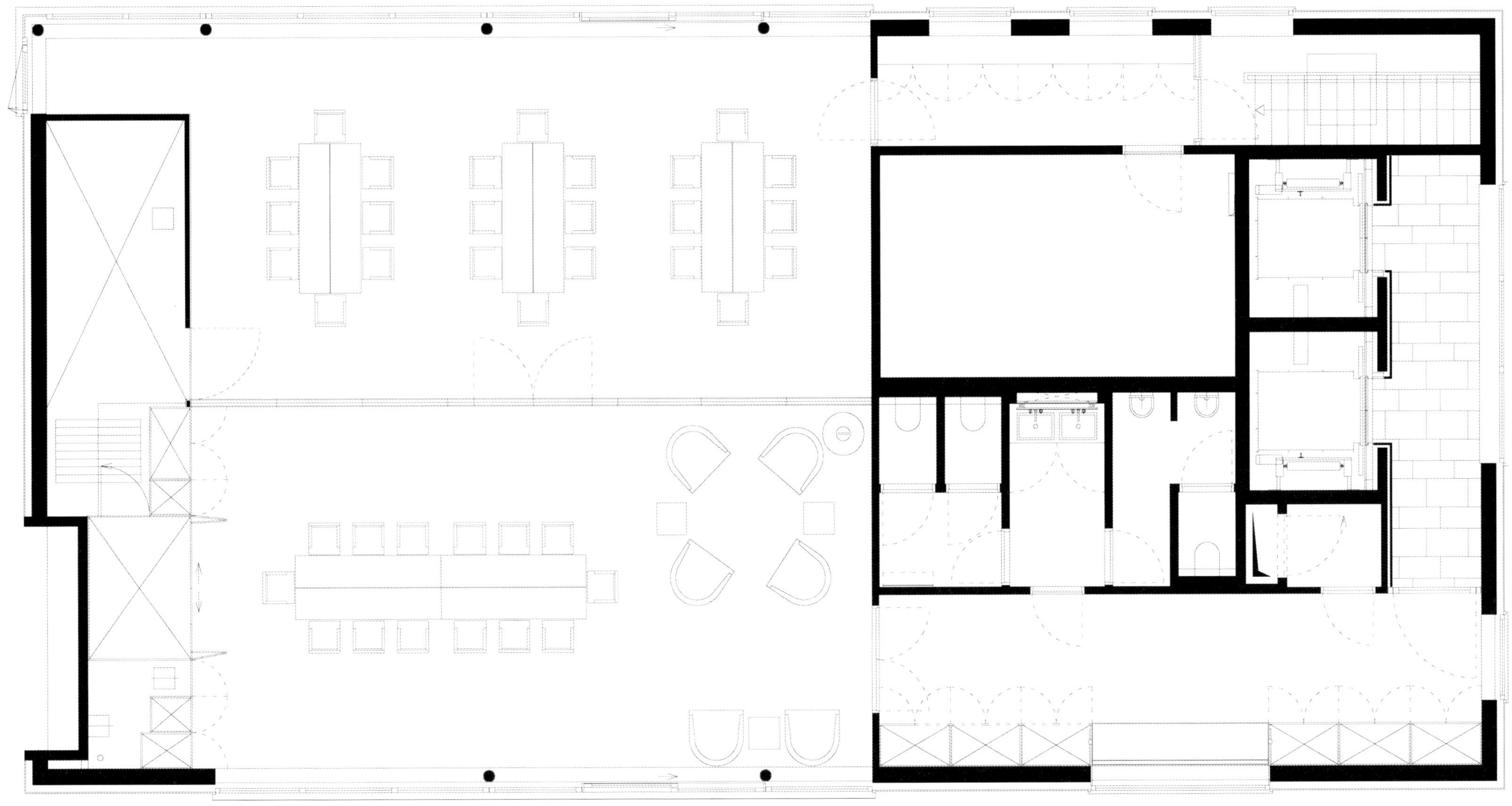

The complexity of this project lay in ensuring that different activities could be carried out at the same time.

La complexité de ce projet consistait à pouvoir combiner plusieurs activités en même temps.

De complexiteit van dit project bestond erin dat verschillende activiteiten gelijktijdig moesten kunnen doorgaan.

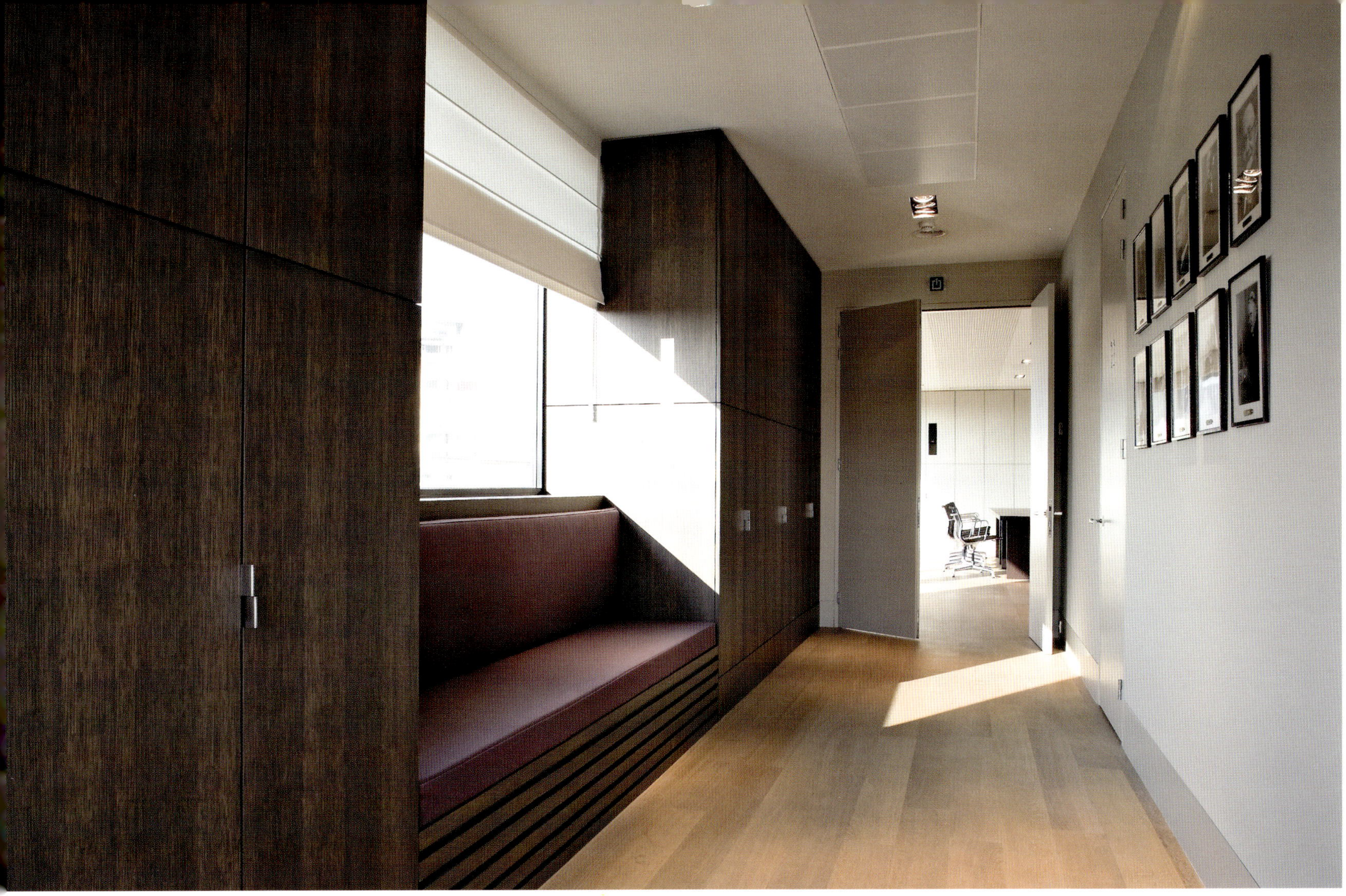

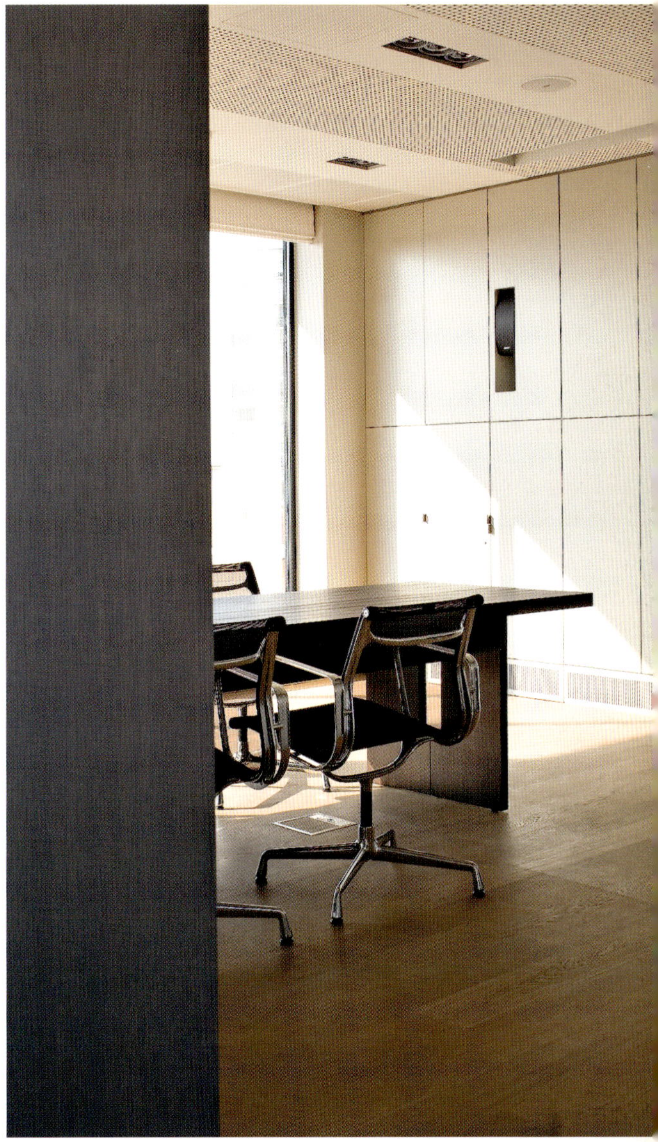

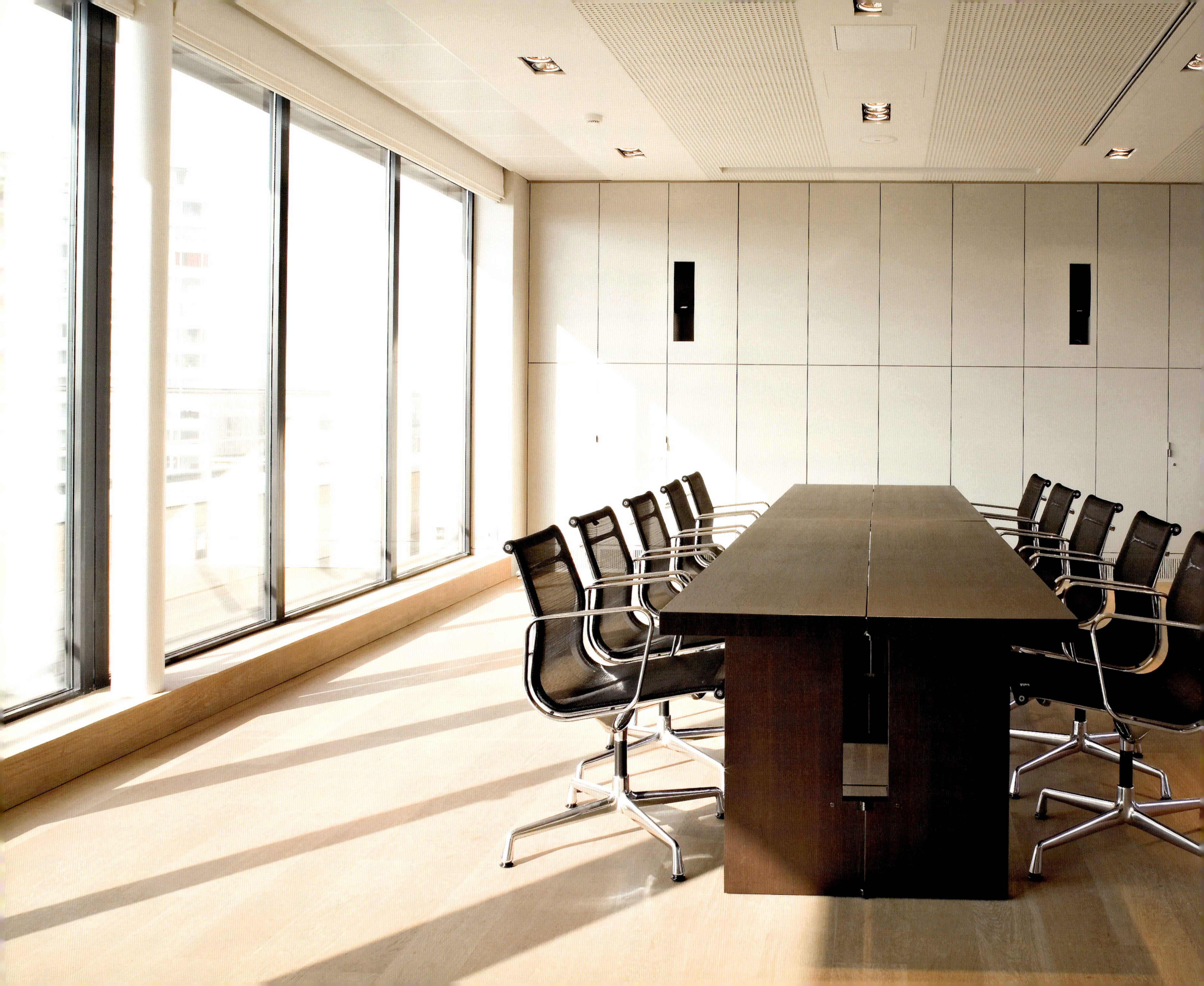

A movable acoustic screen allows two activities to take place simultaneously.

Une paroi acoustique mobile permet d'exercer deux activités différentes en même temps.

Een mobiele akoestische wand geeft de mogelijkheid om twee verschillende activiteiten simultaan te laten plaatsvinden.

Projectors and screens have been discreetly integrated into the acoustic ceiling.
The furniture can be folded up and stored away, allowing optimal spatial flexibility.

Les projecteurs et les écrans ont été intégrés avec discrétion dans le plafond acoustique.
Le mobilier suspendu peut être escamoté, pour une flexibilité optimale de l'espace.

Projectoren en schermen werden discreet in het akoestisch plafond geïntegreerd.
Het los meubilair kan weggeklapt en opgeborgen worden, voor een optimale ruimtelijke flexibiliteit.

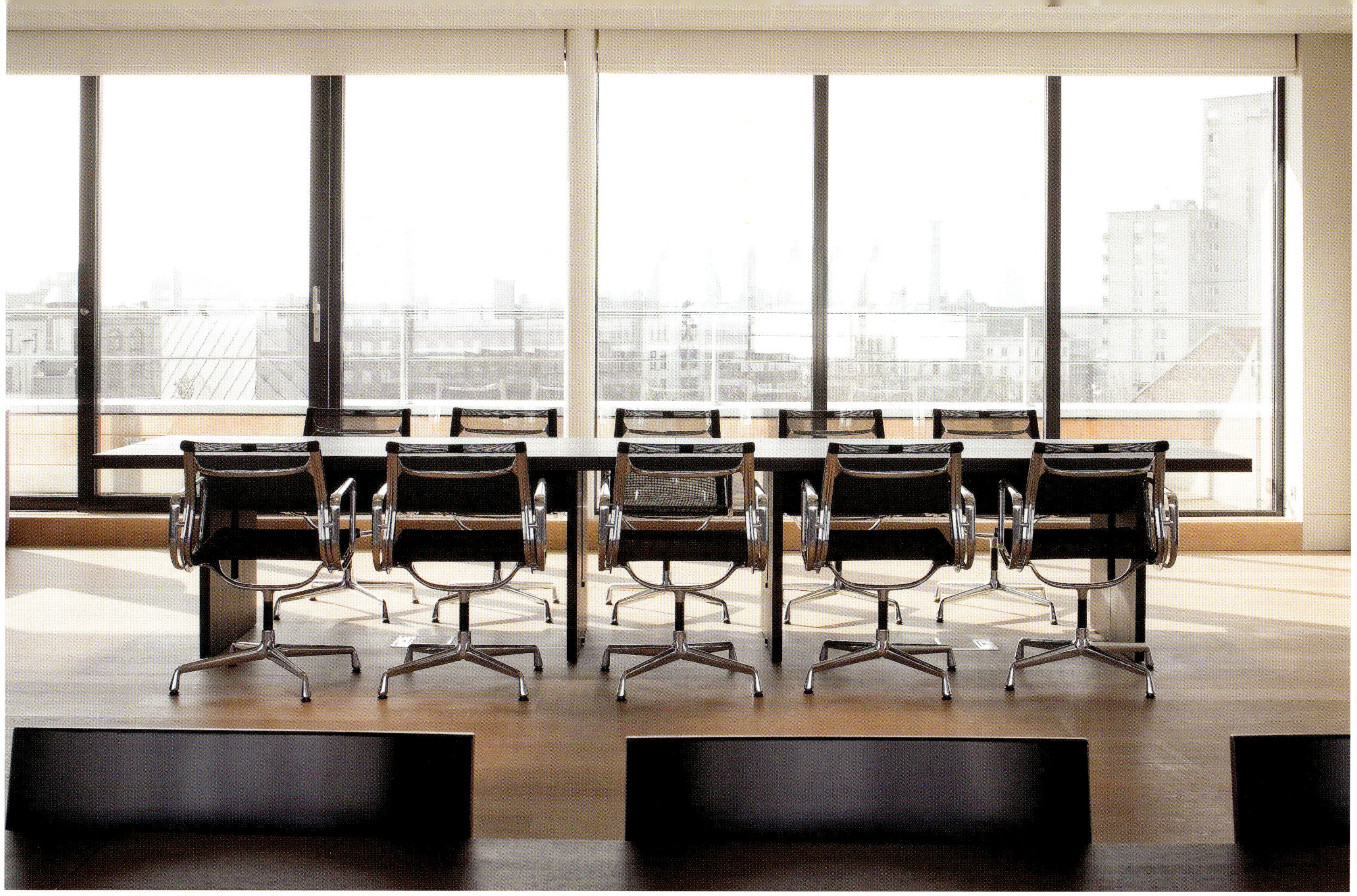

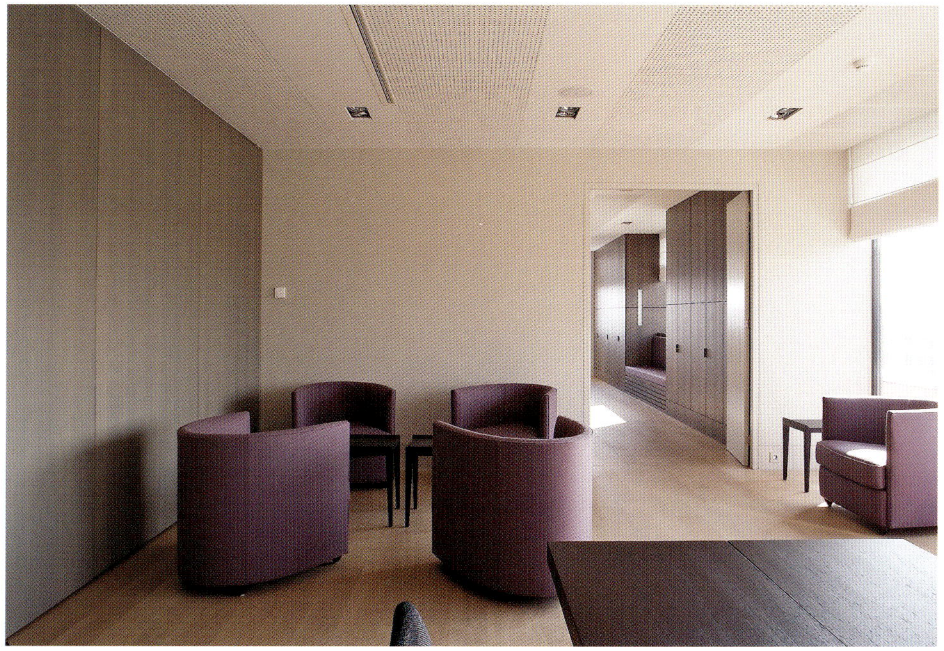

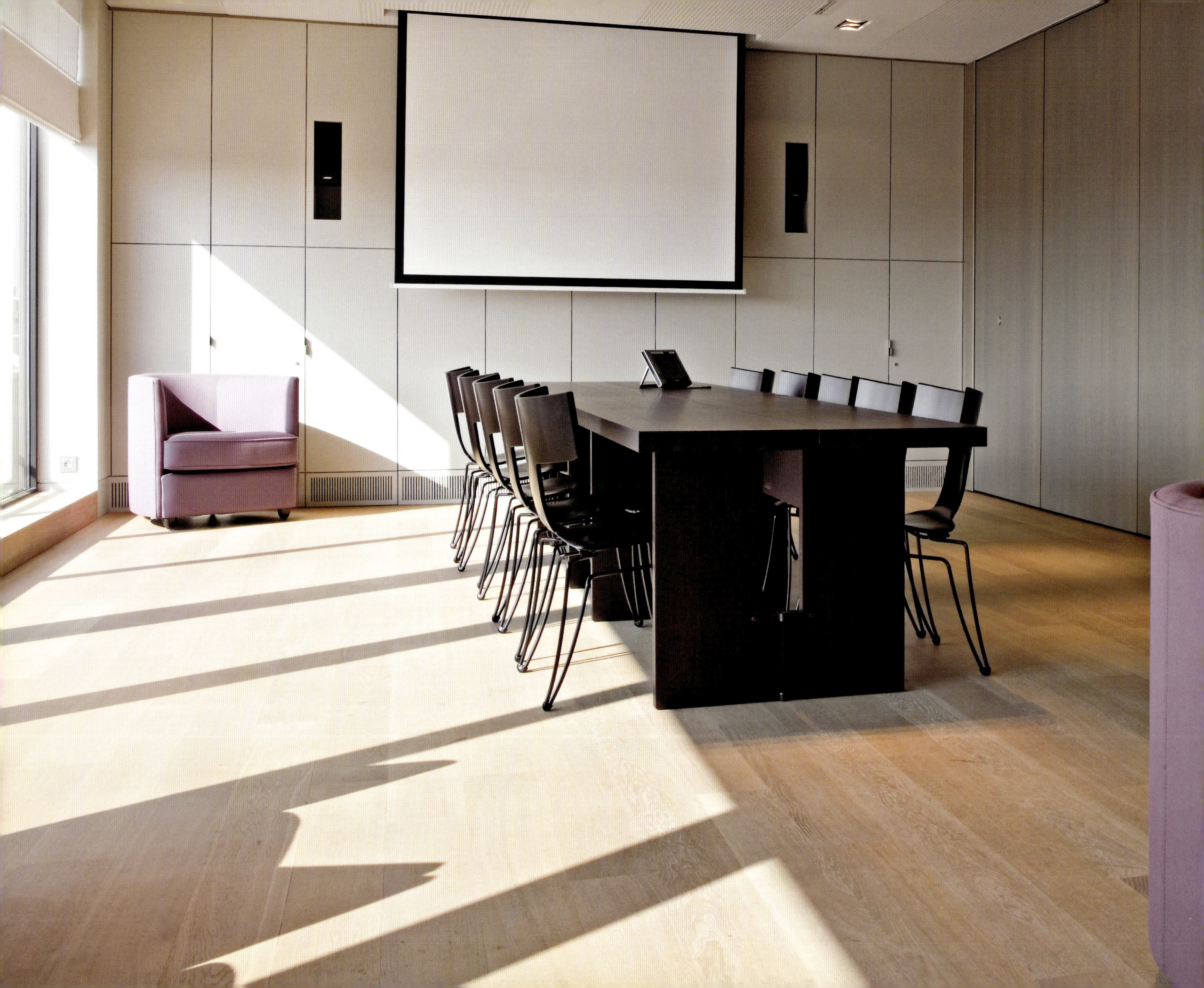

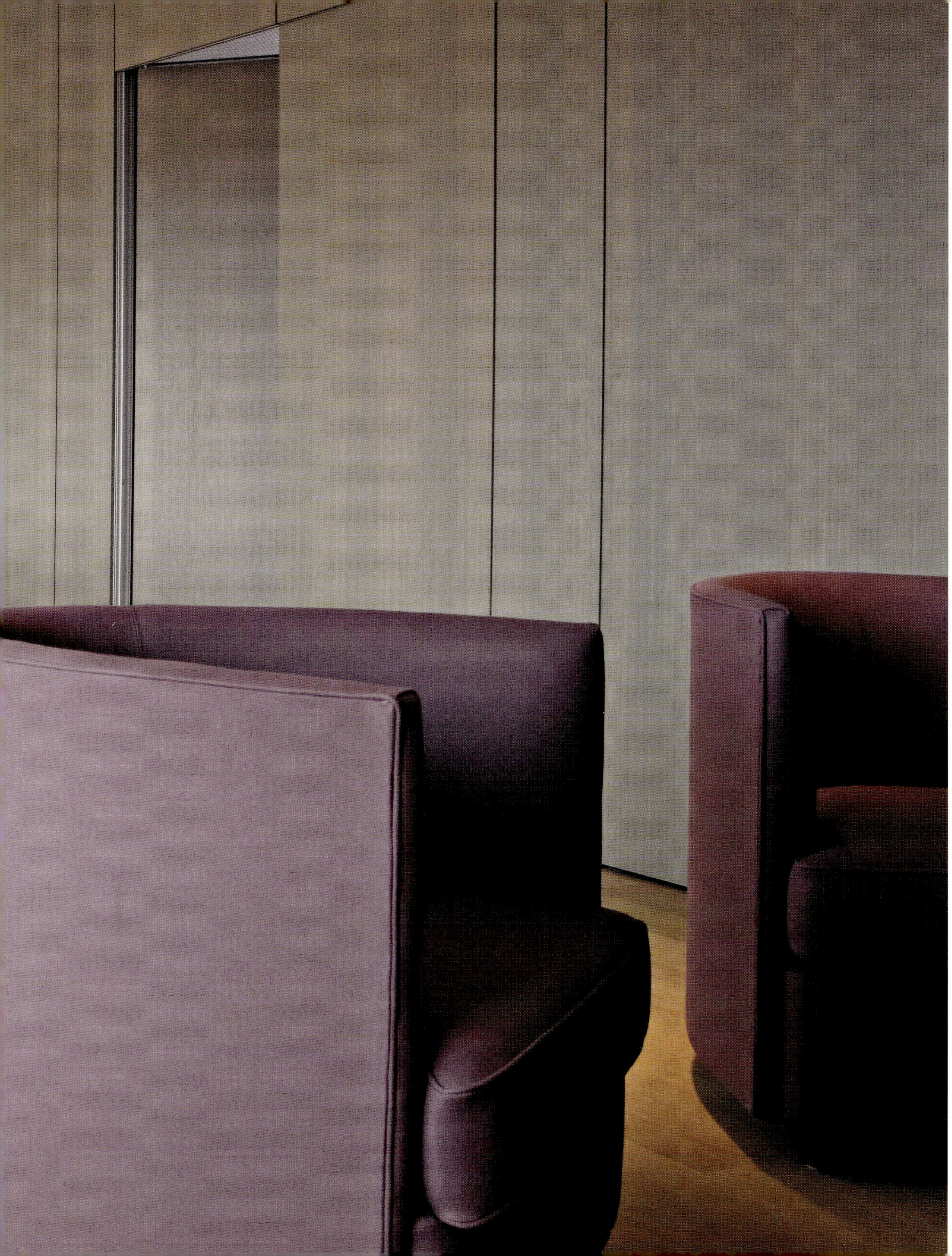

SKYLINE

'AKSENT   INTERIOR ARCHITECTURE

The Skyline project is an office complex and relaxation space with a swimming pool (featured in CONTEMPORARY LIVING – HANDBOOK 2008-2009).
The 'Aksent design studio was commissioned to create the interior architecture of this office environment with a focus on the reception of the property developer's high-profile clients and on company meetings.
The architect for the project was the Binst-Crepain studio from Antwerp.

The emphasis in this project is on receiving clients and holding meetings. The impressive entrance hall must therefore offer the client a warm welcome and a sense of calm, as the access point for the various meeting rooms.

Le projet Skyline consiste en un complexe de bureaux doté d'un espace de détente avec piscine (illustré dans MAISONS CONTEMPORAINES – MANUEL 2008-2009). L'aménagement intérieur de ce complexe a été confié au bureau d'études 'Aksent, avec pour consigne de privilégier la réception des clients VIP de ce développeur de projets et sur les réunions internes de l'entreprise.
C'est le bureau anversois Binst-Crepain qui a pris en charge l'aspect architectural du projet.

Pour ce projet, l'accent a été mis sur la réception et les réunions. L'imposant hall d'entrée devait ainsi donner une impression de calme et de convivialité aux clients et mener aux différentes salles de réunion.

Het project Skyline is een kantoorcomplex annex ontspanningsruimte met zwembad (afgebeeld in EIGENTIJDS WONEN – HANDBOEK 2008-2009).
Ontwerpbureau 'Aksent kreeg de opdracht de interieurarchitectuur van een kantooromgeving te realiseren voor de ontvangst van het topcliënteel van deze projectontwikkelaar en voor de interne vergaderingen van het bedrijf.
De architectuur van het project is het bureau Binst-Crepain uit Antwerpen.

De nadruk lag in dit project op ontvangen en vergaderen. De imposante inkomhal moet voor de klant dan ook rust en warme gastvrijheid uitstralen, met een wandeling naar de verschillende vergaderkamers.

SKYLINE 41

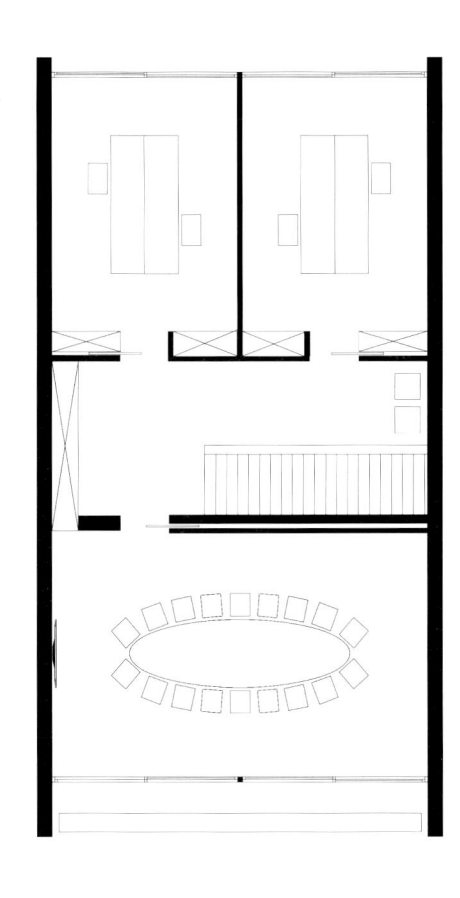

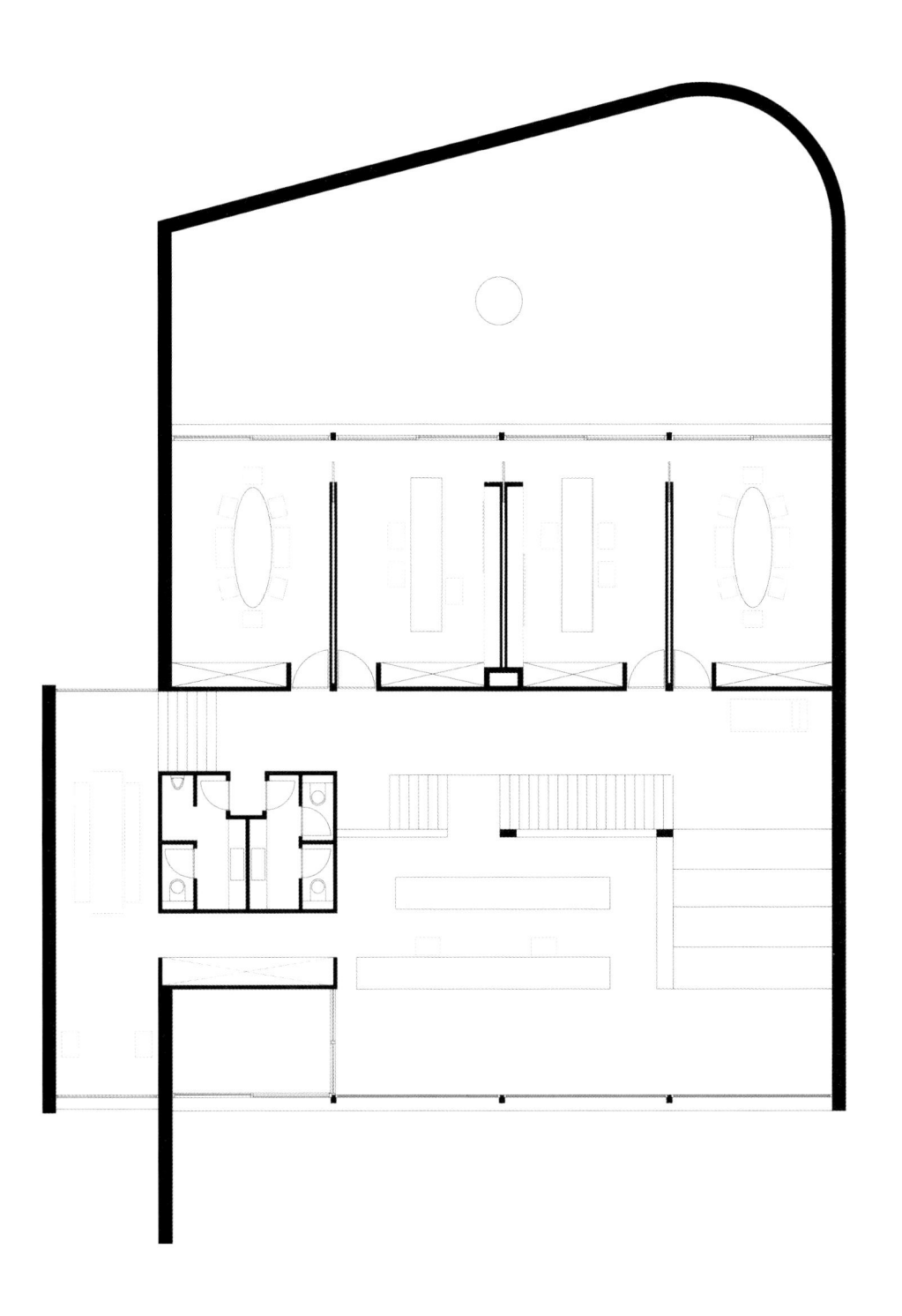

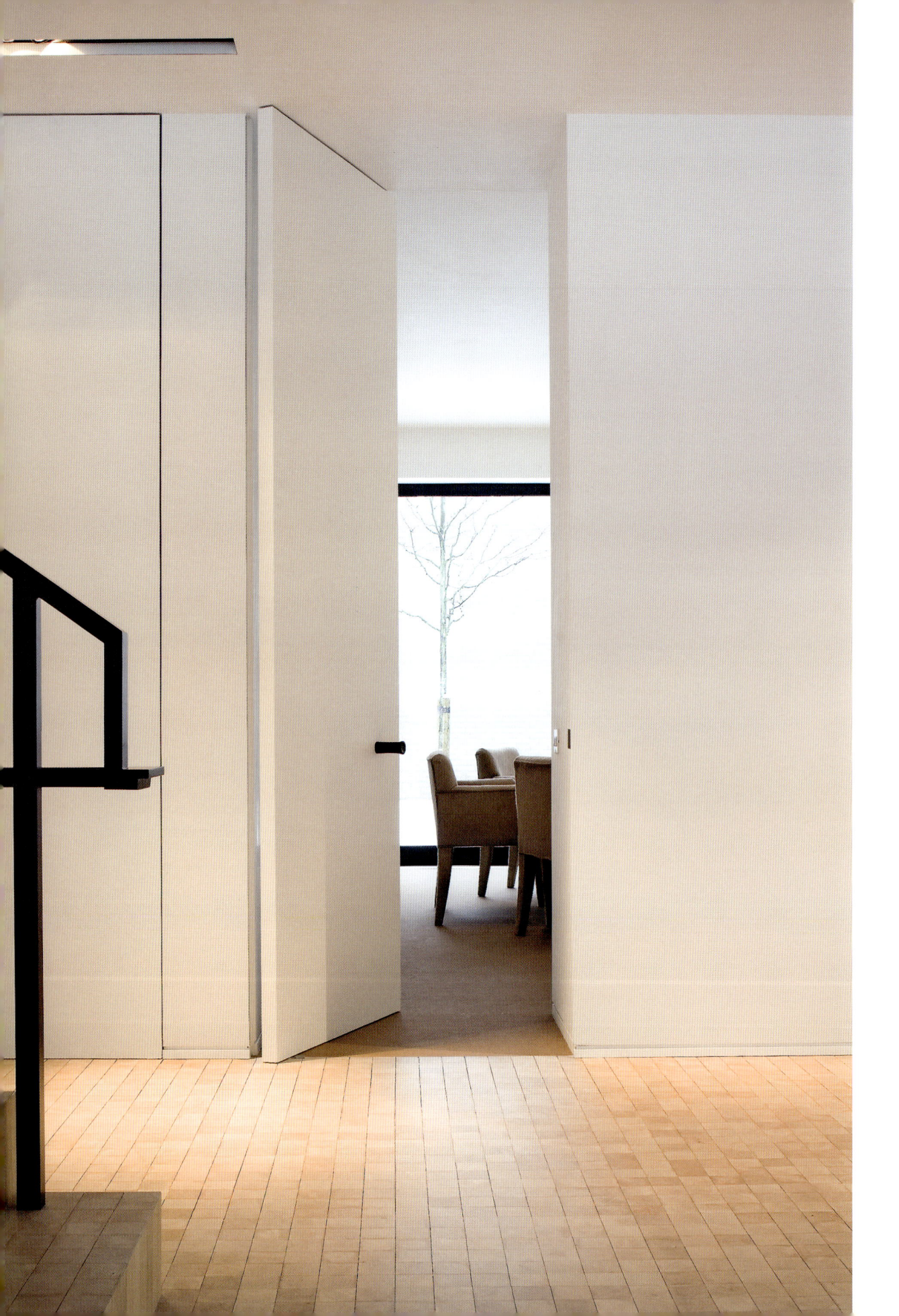

Transition from the entrance hall to the meeting rooms. The crosscut-wood parquet forms a walkway joining all of the offices and meeting rooms. The tall pivoting doors have handles that were specially designed by 'Aksent.

Couloir menant du hall d'entrée aux salles de réunion. Le parquet en bois debout aspect carrelage forme un chemin entre tous les bureaux et les salles de réunion. Les hautes portes pivotantes sont pourvues d'un tirant réalisé sur mesure par 'Aksent.

Overgang van de inkomhal naar de vergaderkamers. Het kopshouten tegelparket vormt een wandeling tussen alle burelen en vergaderzalen. De hoge pivotdeuren zijn voorzien van een deurtrekker op maat ontworpen door 'Aksent.

Views of the reception desk, made in impregnated latex concrete and finished in coloured wax, and the stairs to the office and the meeting rooms (with a Promemoria daybed).

Vues sur le comptoir d'accueil, en ciment de latex imprégné et traité à la cire colorée, et sur l'escalier qui mène au bureau et aux salles de réunion (méridienne Promemoria).

Zichten op de ontvangstbalie, uitgevoerd in geïmpregneerd latex-beton en afgewerkt met gekleurde was, en de trap naar het bureel en de vergaderruimtes (met een daybed van Promemoria).

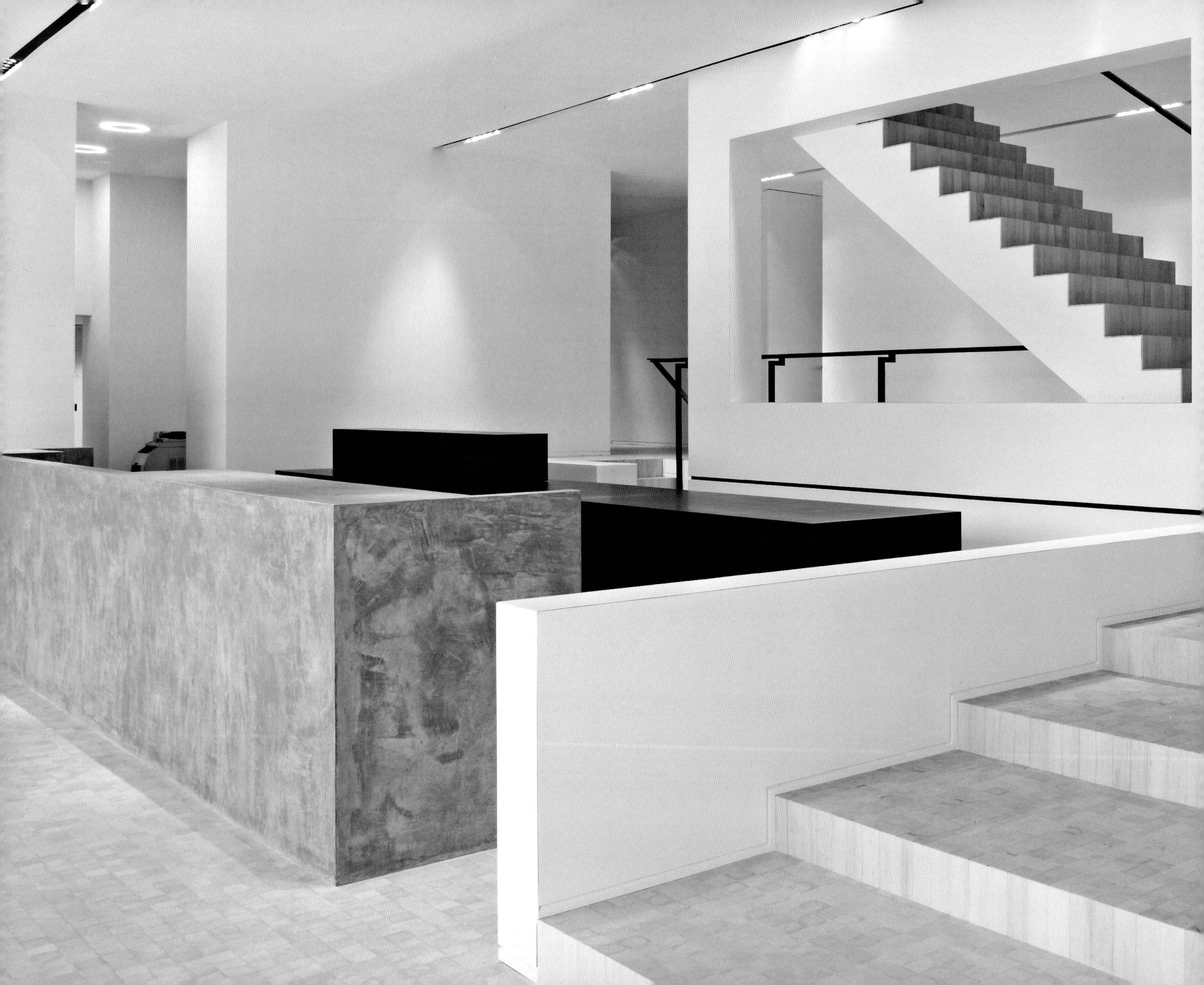

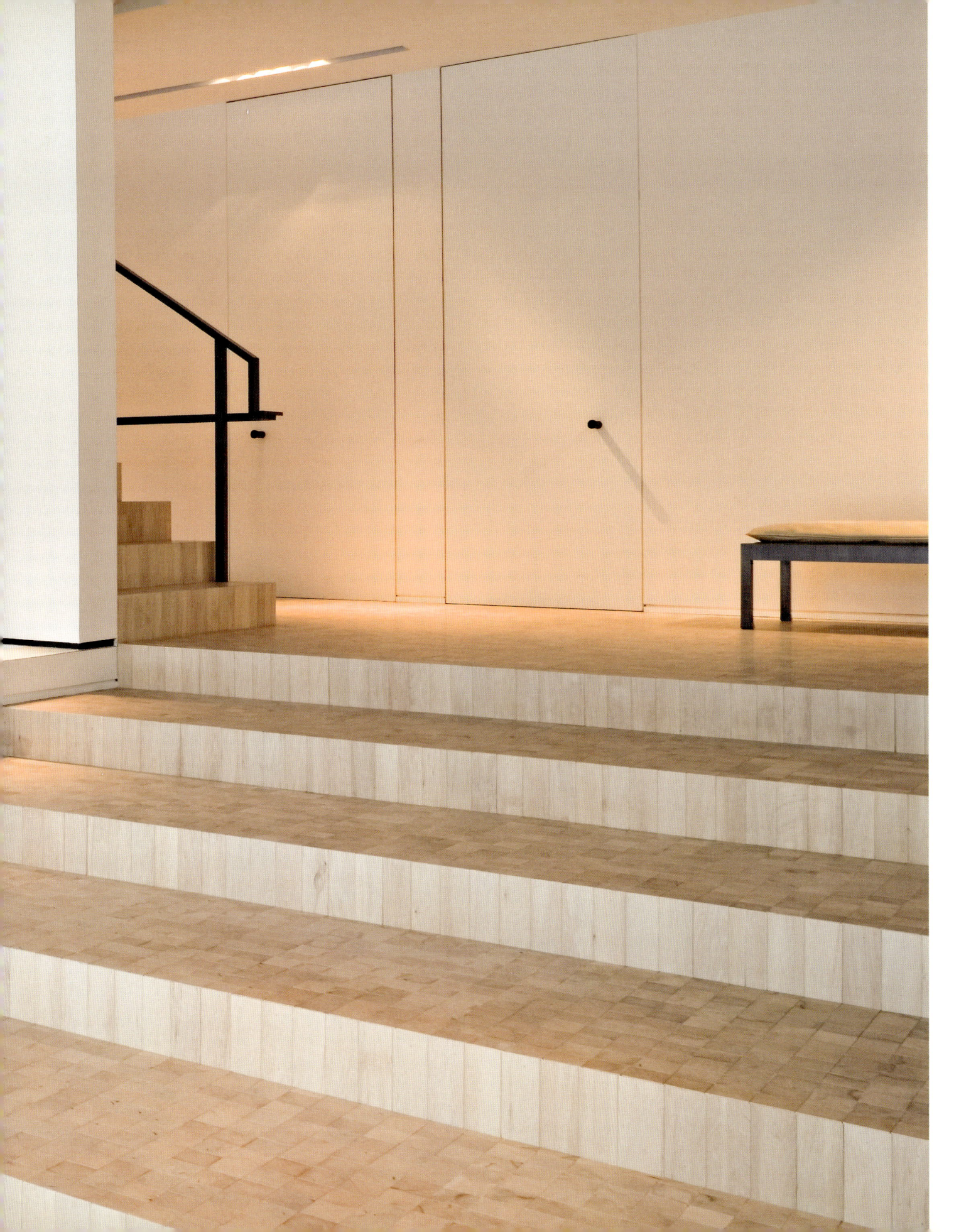

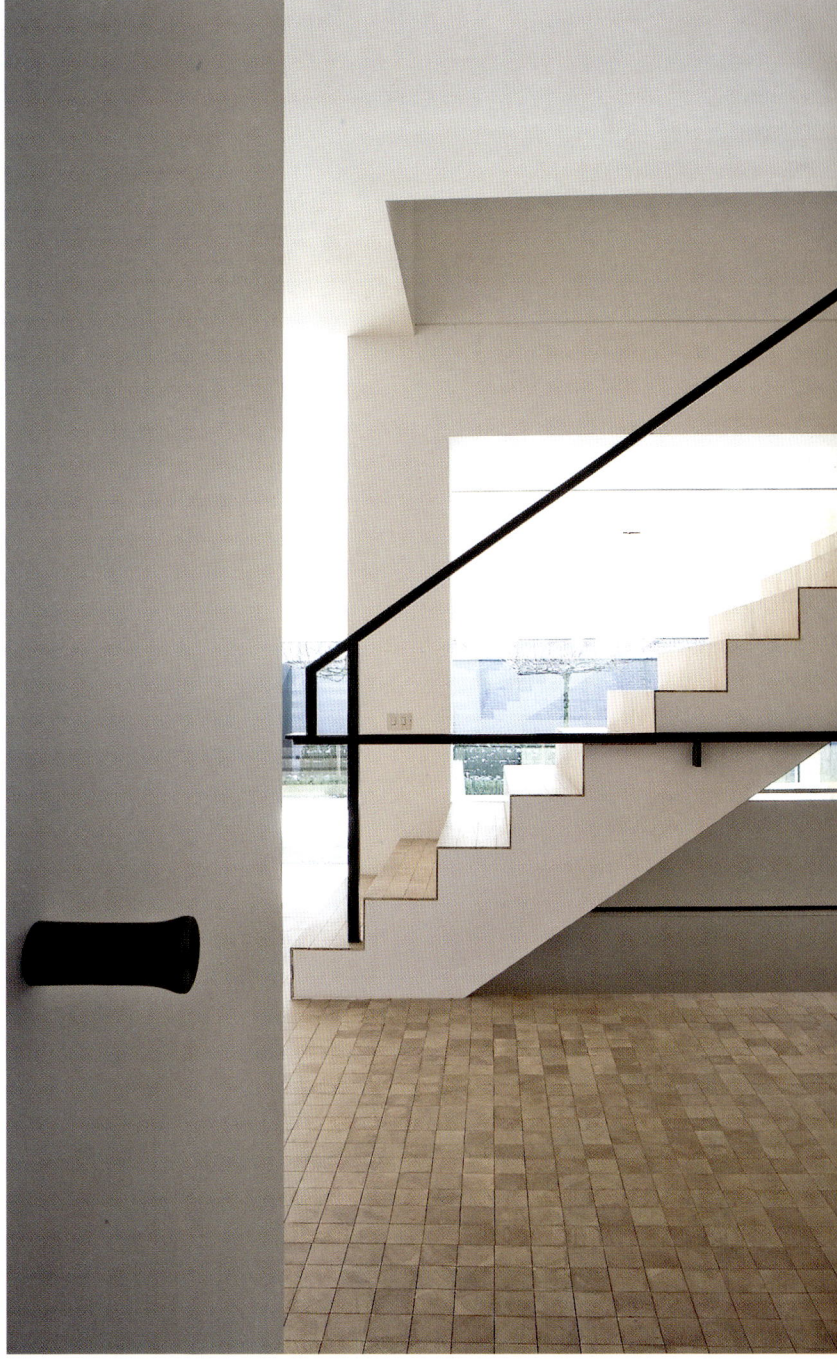

Stairs from the entrance hall to the first floor, in crosscut hornbeam.

L'escalier menant du hall d'entrée à l'étage, est en bois debout de charmille.

Trap vanuit de inkomhal naar de verdieping, uitgevoerd in kops haagbeuk.

SKYLINE 45

A detail of the reception desk. Furniture in dark stained oak.
Lighting by Kreon.

Détail du comptoir d'accueil. Mobilier en chêne lasuré foncé.
Éclairage sur mesure Kreon.

Detail van de ontvangstbalie. Meubilair in donker gebeitst eiken.
Verlichting op maat door Kreon.

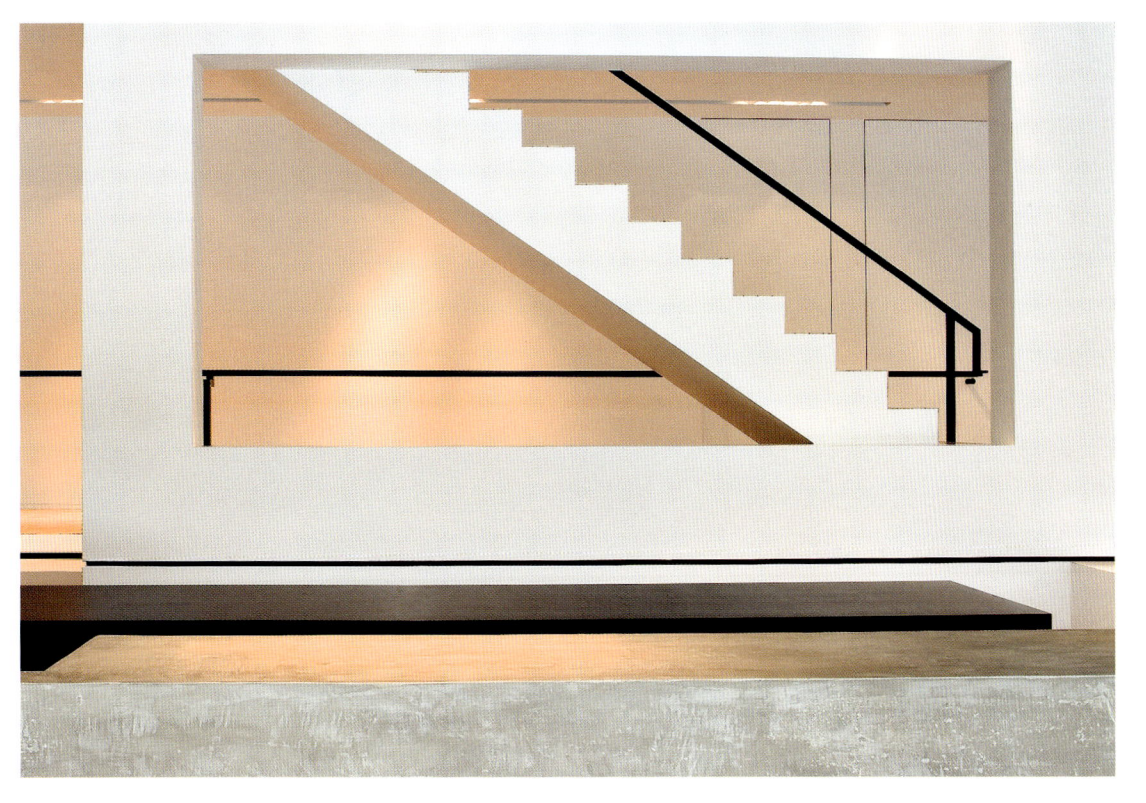

Details of the way through to the office area and the stairs to the main meeting room.

Détails de l'accès aux bureaux et de l'escalier menant à la grande salle de réunion.

Details van de overloop naar het bureaugedeelte en de trap naar de grote vergaderkamer.

A view down the corridor linking the offices and meeting rooms.

Vue d'ensemble sur le couloir de liaison entre les bureaux et les salles de réunion.

Algemeen zicht op de verbindingsgang tussen burelen en vergaderkamers.

All of the meeting rooms were designed separately and the selection of different materials and colours lends each space its own character.
Top photo: detail of a meeting room with oval table by Emmemobili, made in wengé. Isotta Large calfskin chairs by Promemoria.
Below: specially designed table with lacquered steel frame and calfskin covering. The sliding doors are also in leather. The desk chair was made exclusively for this project by Interstuhl, here in lacquered black and dark-brown calf leather. Visitors' chairs by Promemoria.

Chaque salle de réunion a été conçue individuellement et dotée d'un caractère propre grâce au choix de matériaux et de nuances spécifiques.
Photo du haut : détail d'une salle de réunion avec table ufo de Emmemobili, tout en wengé.
Chaises Isotta Large de Promemoria en peau de veau.
Ci-dessous : mobilier sur mesure avec structure en acier laqué et revêtement en cuir de veau.
Les portes coulissantes sont également en cuir. La chaise de bureau est une création exclusive pour ce projet, réalisée sur mesure par Interstuhl, ici en laquée noir et cuir de veau brun foncé. Chaises visiteurs Promemoria.

Alle vergaderkamers zijn apart ontworpen en hebben een eigen karakter door een specifieke materiaal- en kleurkeuze.
Bovenste foto: detail van een vergaderkamer met ufo-tafel van Emmemobili, volledig in wengé uitgevoerd. Isotta Large stoelen van Promemoria, uitgevoerd in kalfshuid.
Onderaan: maatmeubilair met een structuur uit gelakt staal en kalfslederen bekleding. Ook de schuifdeuren zijn in leder. De bureaustoel werd exclusief voor dit project door Interstuhl op maat gemaakt, hier in gelakt zwart en donkerbruin kalfsleder. Bezoekersstoelen van Promemoria.

Detail of the main meeting room.
The light enters the room through swivelling panels, which are controlled by the sunlight. The conference table is an 'Aksent design in dark stained oak. The conference chairs (Silver) are by Interstuhl and were made for this project.

Détail de la grande salle de réunion.
Les panneaux pivotants régulent l'entrée de la lumière. La table de conférence est une création de 'Aksent en chêne lasuré foncé. Les chaises de la salle de conférence (Silver) ont été réalisées sur mesure par Interstuhl, en exclusivité pour ce projet.

Detail van de grote vergaderkamer.
De lichtinval wordt bepaald door de draaiende panelen, aangestuurd door het zonlicht. De conferentietafel is een ontwerp van 'Aksent in donker gebeitst eiken. De conferentiestoelen (Silver) zijn van Interstuhl, op maat gemaakt voor dit project.

Views of the main meeting room and the upstairs corridor (with Carlotta chairs by Flexform).

Vues sur la porte d'entrée de la grande salle de réunion, le palier de l'étage (avec des chaises Carlotta de Flexform) et la grande salle de réunion.

Zichten op de inkomdeur van de grote vergaderkamer, de overloop op de verdieping (met Carlotta stoelen van Flexform) en de grote vergaderkamer.

PUILAETCO DEWAAY PRIVATE BANKERS

EBONY INTERIOR ARCHITECTURE

In a contemporary apartment building in Brussels, Ebony, Gilles de Meulemeester's design studio, created an exclusive 1000m² office environment with reception, meeting rooms, offices, kitchen and sanitary facilities.

Dans cet immeuble à appartements bruxellois contemporain, Ebony, le bureau d'études de Gilles de Meulemeester, a créé un vaste complexe exclusif de 1000 m² de bureaux avec réception, salles de réunion, bureaux, cuisine et sanitaires.

In een hedendaags appartementsgebouw te Brussel creëerde Ebony, het ontwerpbureau van Gilles de Meulemeester, een 1000 m² grote, exclusieve kantooromgeving met receptie, vergaderzalen, kantoren, keuken en sanitaire ruimte.

The reception desk and most of the
panelling are in aged oak.
Milleraies fitted carpet.

La réception et la plupart des lambris
ont été réalisés en chêne grisé.
Tapis Milleraies.

De receptiedesk en de meeste
lambriseringen werden uitgevoerd in
vergrijsde eiken.
Vasttapijt Milleraies.

Furniture by Promemoria (at the front of the photo), Interni (on the right) and a sofa designed by Ebony in the centre. Coffee table by Interni. Ebony wall lighting.

Mobilier Promemoria (à l'avant sur le photo), Interni (à droite) et, au centre, un canapé créé par Ebony. Table de salon Interni. Éclairage mural Ebony.

Meubilair van Promemoria (vooraan op de foto), Interni (rechts) en centraal een door Ebony ontworpen canapé. Salontafel van Interni. Wandverlichting Ebony.

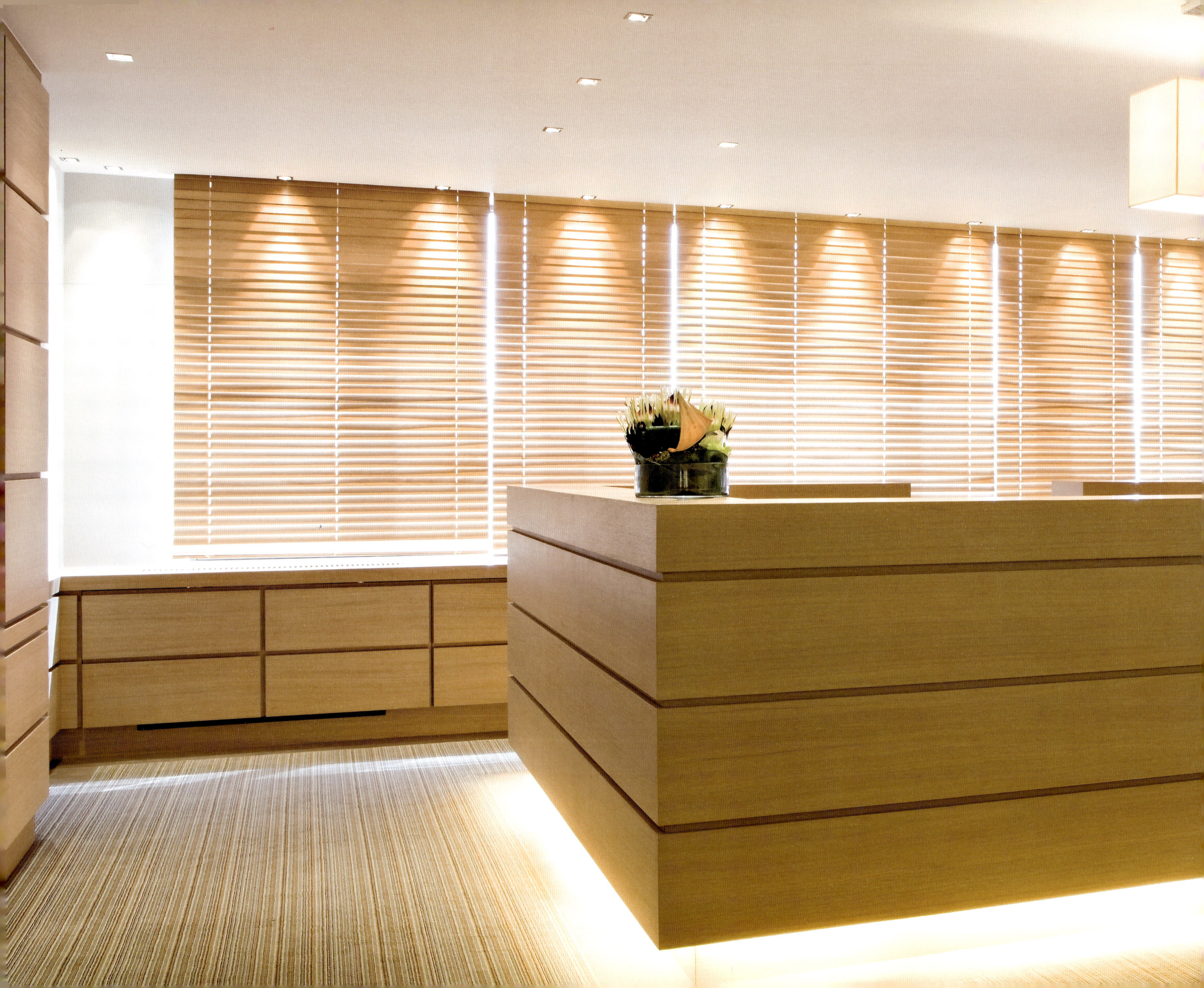

The blinds are made of oak. The lighting above the reception desk was produced for Ebony.

Les stores sont en chêne. Au-dessus du comptoir de la réception, l'éclairage a été réalisé pour Ebony.

De stores zijn in eiken uitgevoerd. De verlichting boven de receptiedesk is voor Ebony geproduceerd.

Interni console and two Ebony lamps.
Old African objects displayed on rough wooden blocks.
The ceilings were also specially designed for this project by Ebony.

Une console Interni et deux lampes Ebony.
Sur les stèles en bois brut, des objets africains anciens (monnaie d'échange).
Les plafonds ont également été réalisés sur mesure par Ebony.

Console Interni en twee lampen Ebony.
Ruwhouten gedenkstenen met daarop oude Afrikaanse objecten (wisselmunt).
De plafonds werden door Ebony eveneens op maat getekend.

PUILAETCO DEWAAY PRIVATE BANKERS   61

Desk and chairs by Bulo. Ebony desk lamp,
linen voile blinds.
Painting by Carine Flamand.

Bureau et chaises Bulo. Lampe de bureau Ebony,
stores en voile de lin.
Tableau de Carine Flamand.

Bureau en stoelen van Bulo. Bureaulamp Ebony,
stores in linnen voile.
Schilderij van Carine Flamand.

Two meeting rooms with tables and wall lights made for this project by Ebony.
Furniture (chairs and standard lamps) by Promemoria.

Deux salles de réunions dotées de tables et de lampes murales réalisées sur mesure par Ebony et de mobilier (chaises et lampes sur pied) Promemoria.

Twee vergaderzalen met op maat gemaakte tafels en wandlampen door Ebony en meubilair (stoelen en staande lampen) van Promemoria.

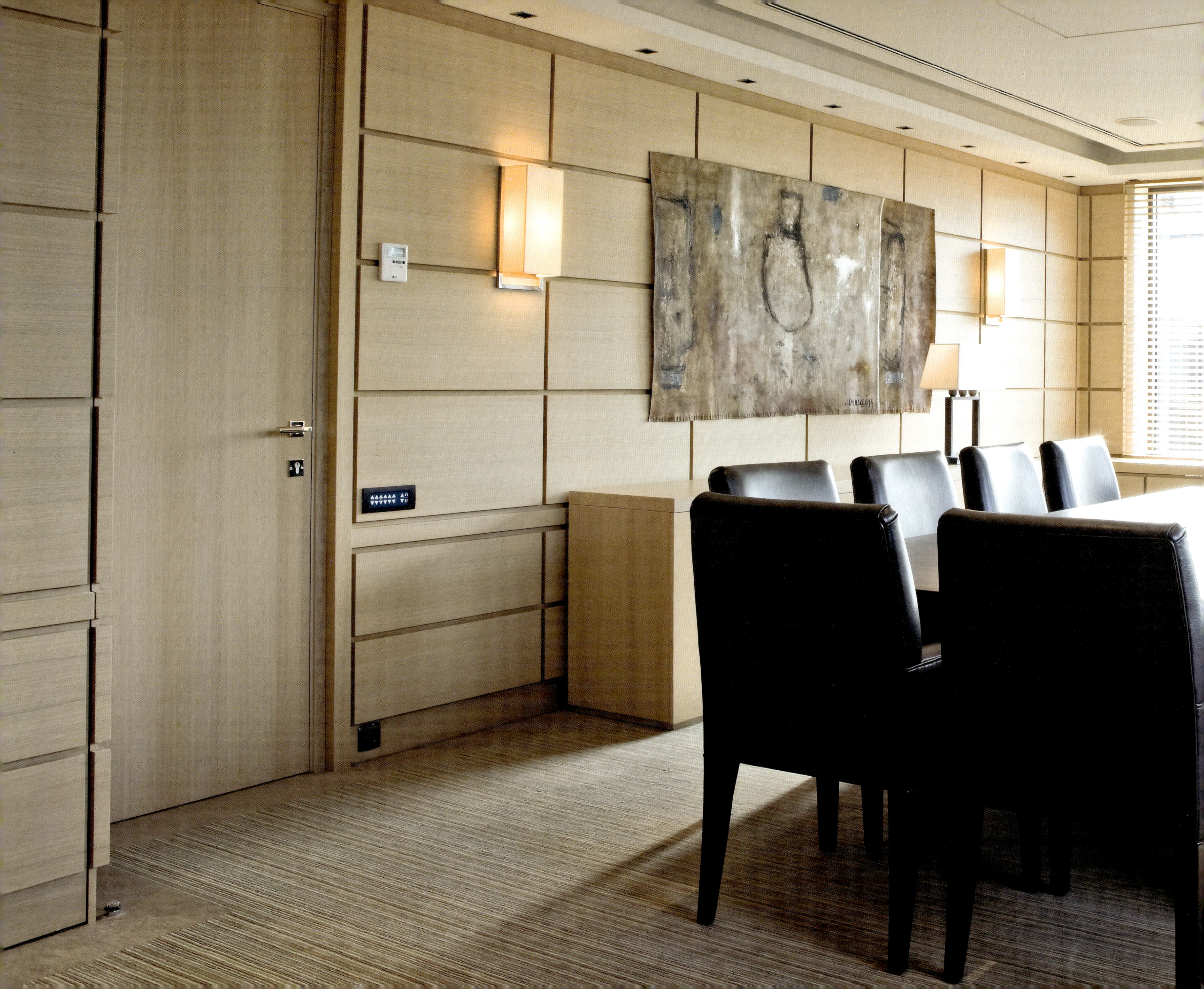

All of the technical features, such as the flatscreen TV and home-automation systems, have been perfectly integrated by Ebony. Console in aged oak. Promemoria desk chairs.
On the wall to the left is a work by Christine Nicaise.

Toutes les installations techniques (flat screen, domotique, ...) ont été intégrées avec brio par Ebony. Console en chêne grisé. Chaises de bureau Promemoria.
À gauche sur le mur, une toile de Christine Nicaise.

Alle technische voorzieningen (flat screen, domotica, ...) werden perfect geïntegreerd door Ebony. Console in vergrijsde eiken. Bureaustoelen Promemoria.
Links aan de wand een doek van Christine Nicaise.

Both the kitchen and the sanitary facilities have been finished in Azul Cascais natural stone.

La cuisine et les sanitaires sont habillés de pierre naturelle Azul Cascais.

Zowel de keuken als de sanitaire ruimte werden met Azul Cascais natuursteen bekleed.

PUILAETCO DEWAAY PRIVATE BANKERS 67

ENTREPOT

CY PEYS   INTERIOR ARCHITECTS

This office is in a new building " Koninklijk Entrepôt " by the well-known German architect Kollhoff in the trendy Eilandje district of Antwerp.

The studio of Cy Peys interior architects was able to get down to basics: existing walls were demolished in order to redefine the spaces according to the wishes of the client.

The design aims to create a contrast between the different spaces: a dark entrance hall, warm colours in the director's office and a white space for the secretary.

Ce bureau se situe dans le " Koninklijk Entrepôt ", un nouveau bâtiment portant la signature du célèbre architecte allemand Kollhoff, se situant dans le quartier anversois tendance, " het Eilandje ".

Le bureau d'architectes d'intérieur Cy Peys a pris le parti de redéfinir les espaces en démolissant les murs existants afin de combiner concept et contraintes du client.

Le concept ici, vise à créer un contraste entre les différents espaces composant le bureau : un hall d'entrée sombre et feutré, un bureau de direction aux tons chauds et, des espaces neutres et blancs pour les fonctions de salle d'attente et de secrétariat.

Dit bureau situeert zich in een nieuwbouw " Koninklijk Entrepôt " van de bekende Duitse architect Kollhoff in de trendy buurt van het Eilandje in Antwerpen.

Het bureau van Cy Peys Interieurarchitecten kon van nul starten: bestaande wanden werden afgebroken om de ruimten te herdefiniëren volgens de wensen van de klant.

Het ontwerp beoogt het creëren van een contrast tussen de verschillende ruimtes: een donkere inkomhal, warme kleuren in het directiekantoor en een witte ruimte voor de secretaresse.

ENTREPOT 73

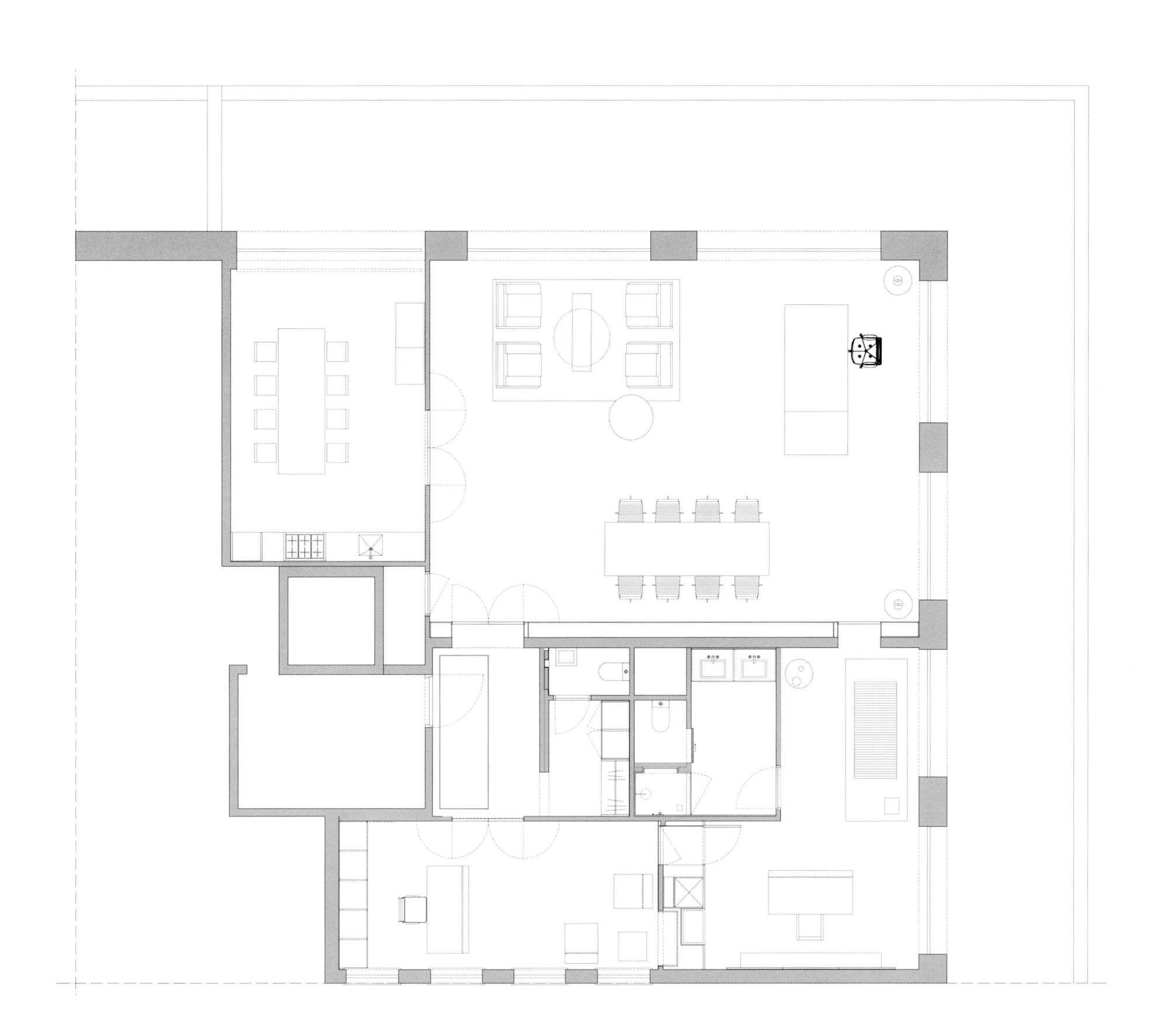

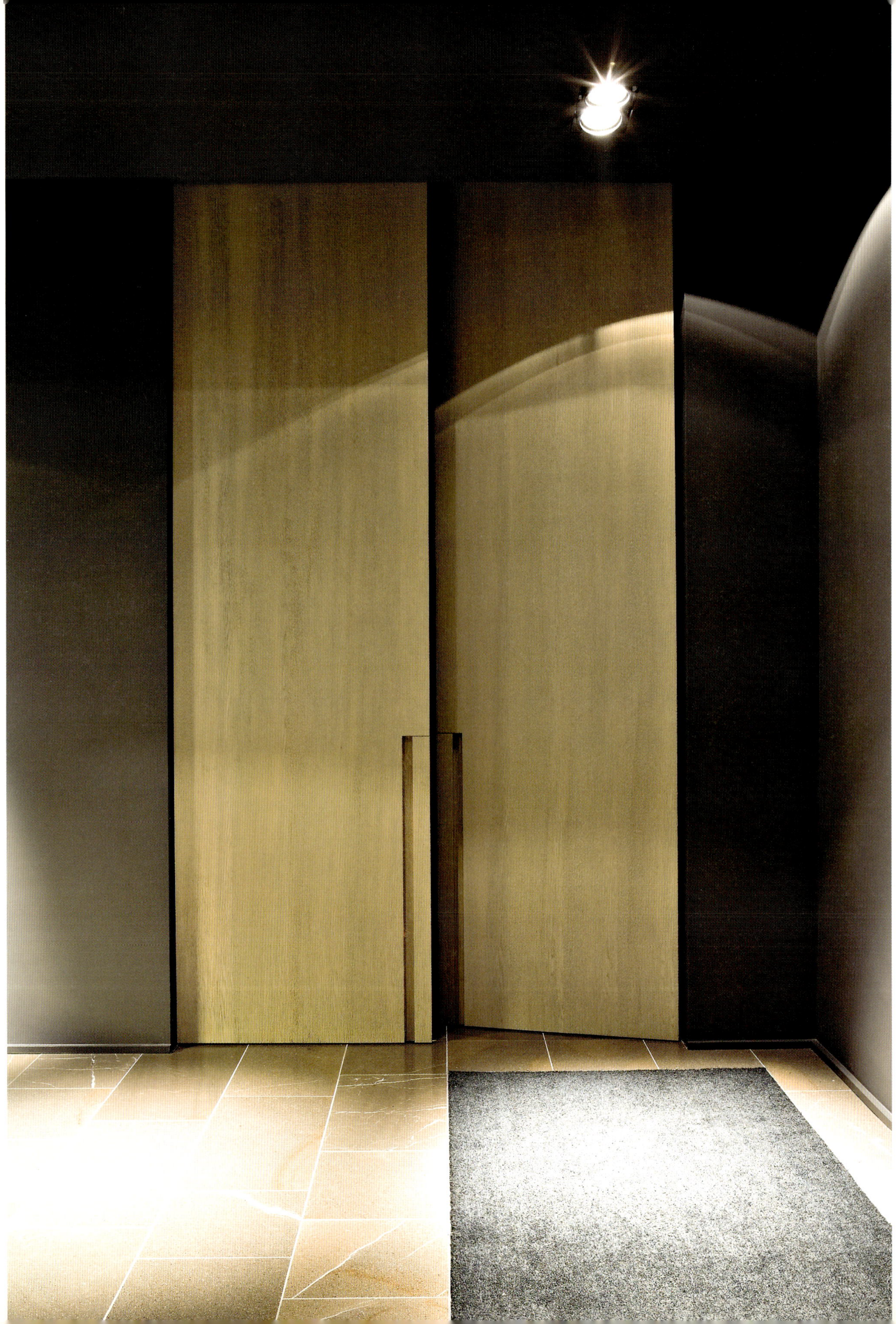

All of the technical systems, such as the air conditioning and multimedia, have been subtly integrated.

Tous les éléments techniques, comme le conditionnement d'air et les appareils multimédias, ont été discrètement intégrés.

Alle technieken, zoals de airconditioning en multimedia, werden op sobere wijze geïntegreerd.

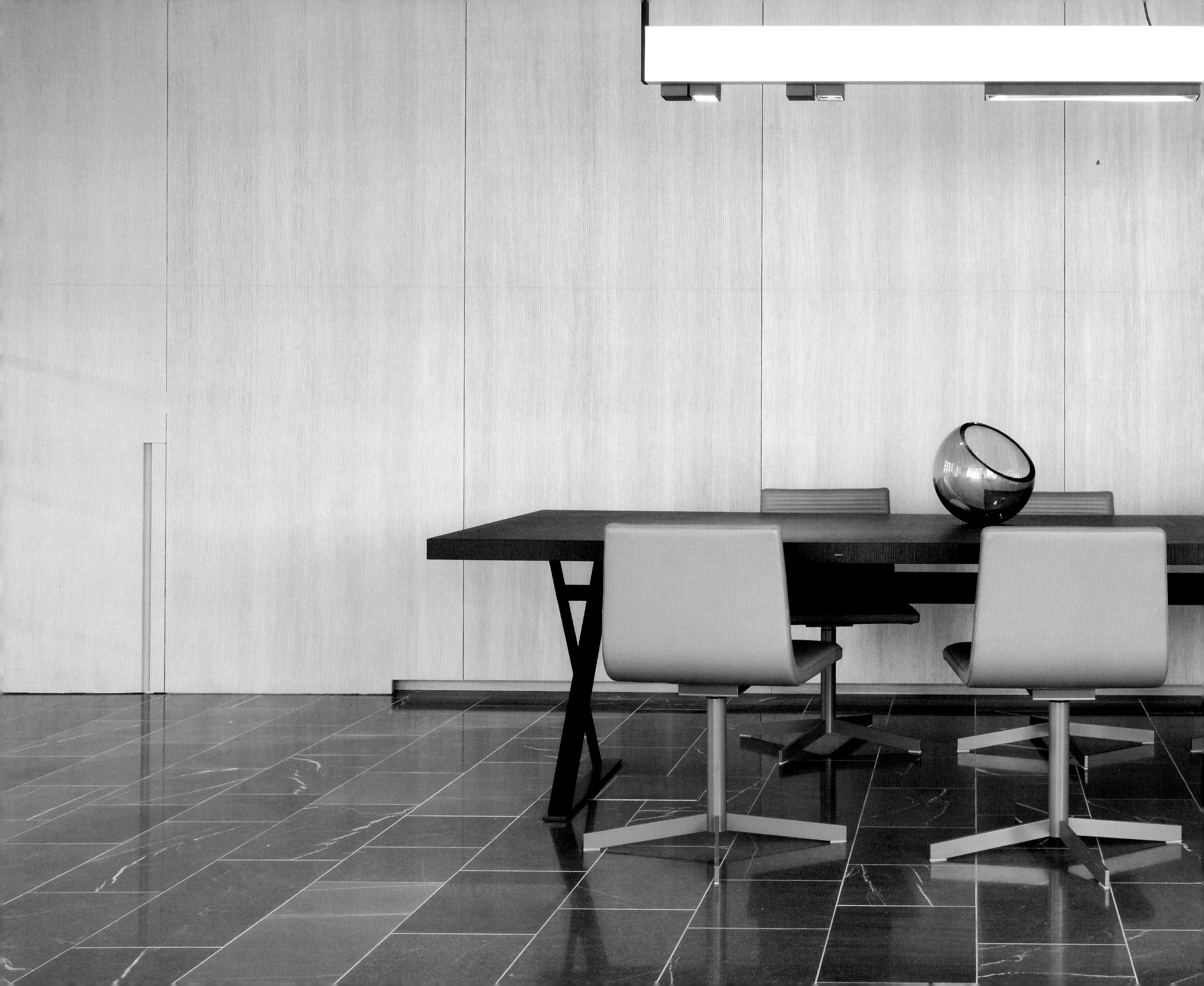

This long, sandblasted wooden wall containing air conditioning and storage space runs alongside the director's office, separating this space from the secretary's office and those of the other company employees.

Un long mur en bois sablé, abritant la climatisation et l'espace de rangement, délimite le bureau du directeur et l'isole de ceux de la secrétaire et des autres collaborateurs.

Een lange gezandstraalde houten wand, waarin klimatisatie en bergruimte voorzien zijn, begrenst het bureau van de directeur en scheidt deze ruimte van het kantoor van de secretaresse en dat van de andere medewerkers.

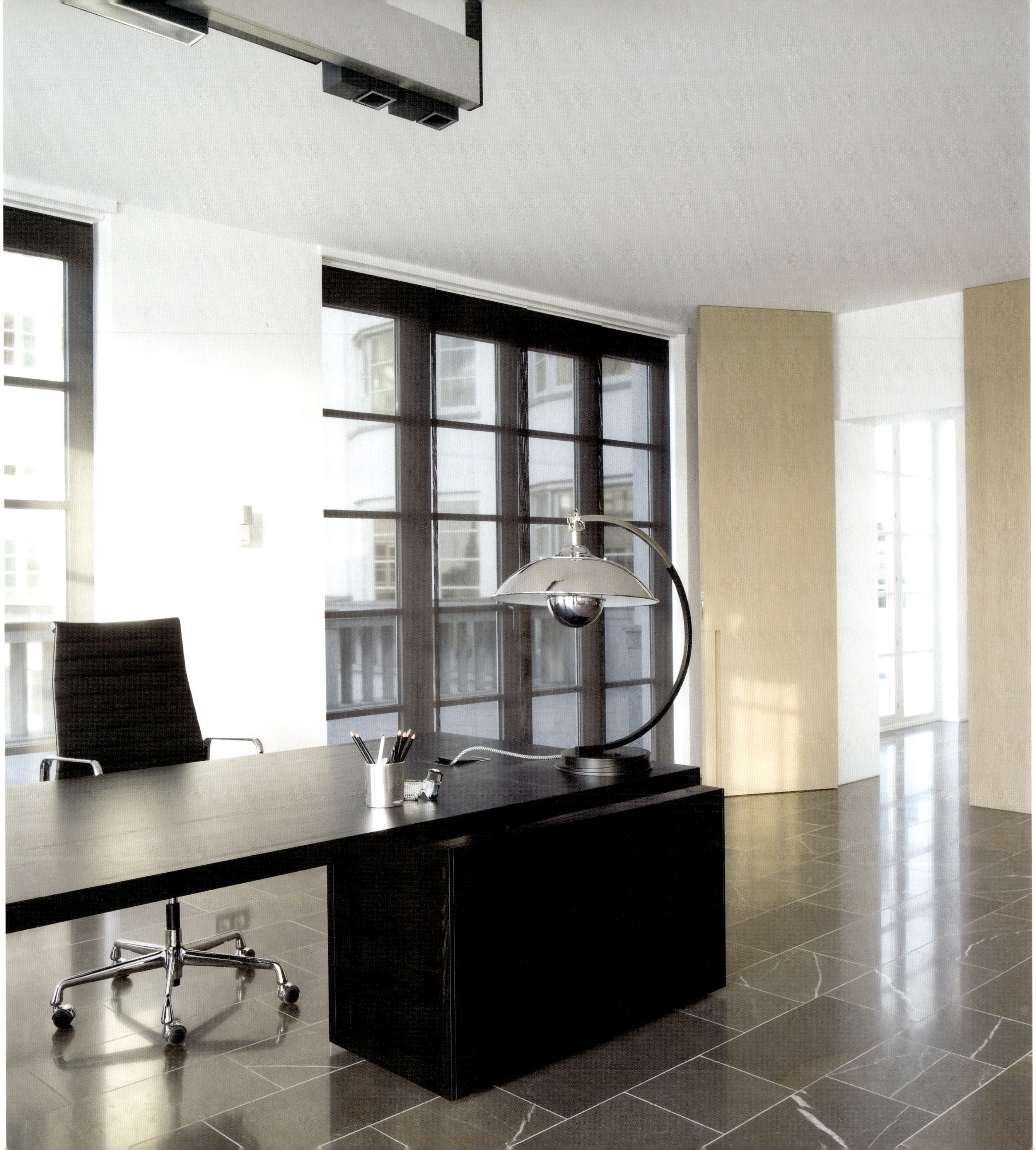

The director's office is the most open and transparent area: his desk, a conference table and a lounge space with a view of the port of Antwerp.

Le bureau du directeur est le plus ouvert et transparent : son bureau, une table de réunion et un espace lounge avec vue sur le port d'Anvers.

Het kantoor van de directeur is het meest open en transparant: zijn bureau, een vergadertafel en een lounge-ruimte met zicht op de Antwerpse haven.

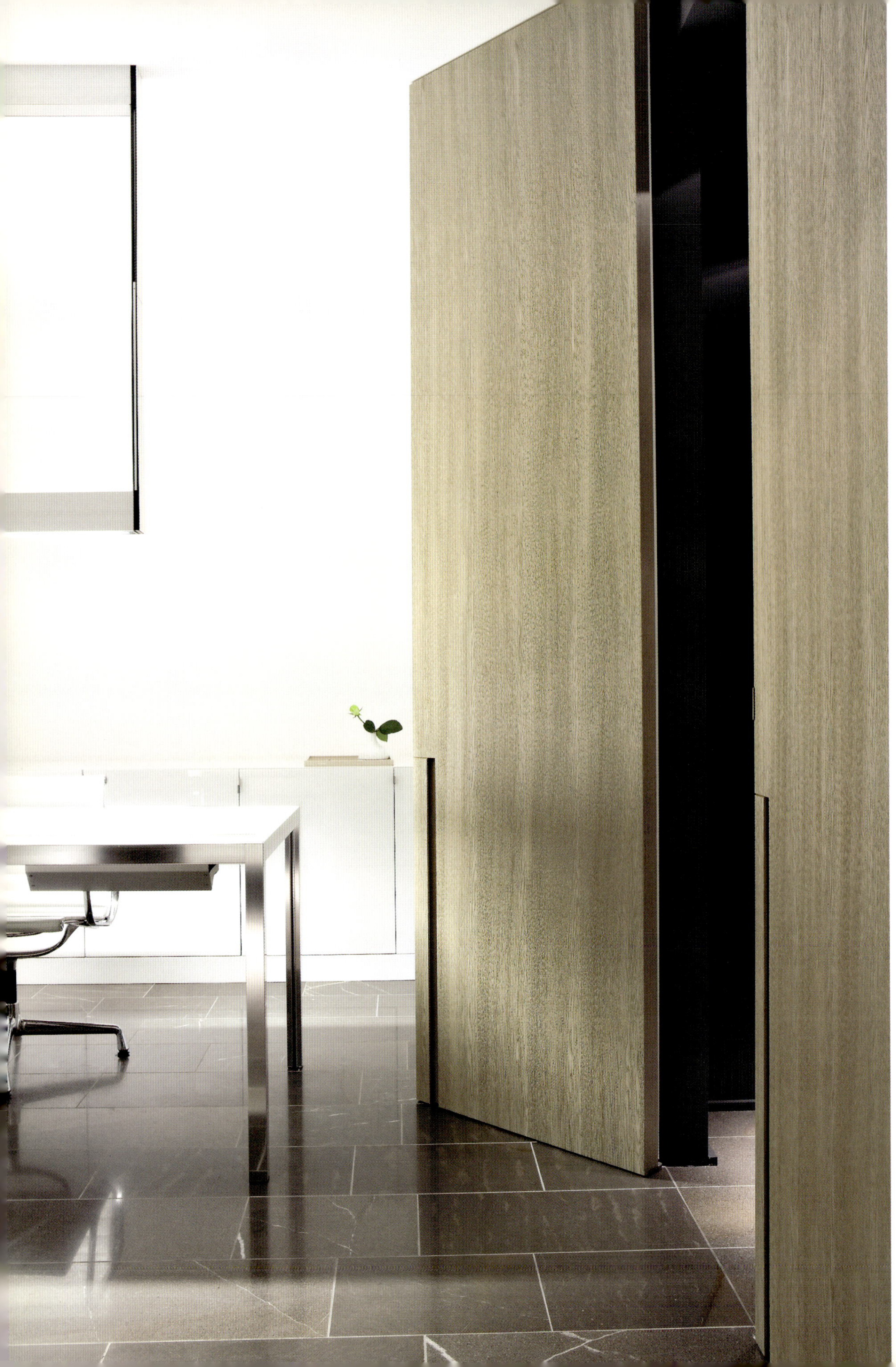

Shades of white with a green contrast in the
secretary's office, which adjoins the director's office.

Nuances de blanc et contraste vert pour le bureau
de la secrétaire, qui jouxte celui du directeur.

Witte tinten met een groen contrast in het bureau
van de secretaresse, palend aan het directiekantoor.

The simply designed kitchen is beside the director's office. Tall bar stools for informal dining and for meetings.

La cuisine aux lignes sobres est attenante au bureau du directeur. Les hauts tabourets de bar permettent des réunions plus décontractées.

De sober vormgegeven keuken grenst aan het directiekantoor. Hoge barstoelen om informeel te kunnen tafelen en vergaderen.

A luxurious shower room in Pietra Piasentina.

Une luxueuse salle de douche en Pietra Piasentina.

Een luxueuze douchekamer in Pietra Piasentina.

SAP LOUNGE

IN STORE   INTERIOR ARCHITECTURE

The SAP Lounge is a meeting place for highly qualified professionals, an inspiring and creative environment where they can share their passion for management and economic growth and expand their networks.

Members can attend fascinating conferences at the lounge, where top speakers discuss current topics in management. In Store, the Brussels-based interior architecture studio, was given the task of designing this exclusive lounge.

Le SAP Lounge est un espace de rencontre où les professionnels de haut niveau peuvent partager leur passion pour le management et la croissance économique et élargir leur réseau de connaissances dans un cadre inspirant et créatif.

Ses membres peuvent assister à des conférences captivantes lors desquelles des intervenants de marque abordent des thèmes actuels de l'univers du management. Le bureau bruxellois d'architecture d'intérieur In Store a été chargé de donner une âme à cet espace exclusif.

De SAP Lounge is een ontmoetingsplaats voor hooggekwalificeerde professionals waar zij in een inspirerende en creatieve omgeving hun passie voor management en economische groei kunnen delen en hun netwerk kunnen uitbreiden.

Leden kunnen er genieten van boeiende conferenties waar topsprekers ingaan op actuele thema's in de managementsfeer.
Het Brusselse bureau voor interieurarchitectuur In Store werd gevraagd om deze exclusieve lounge gestalte te geven.

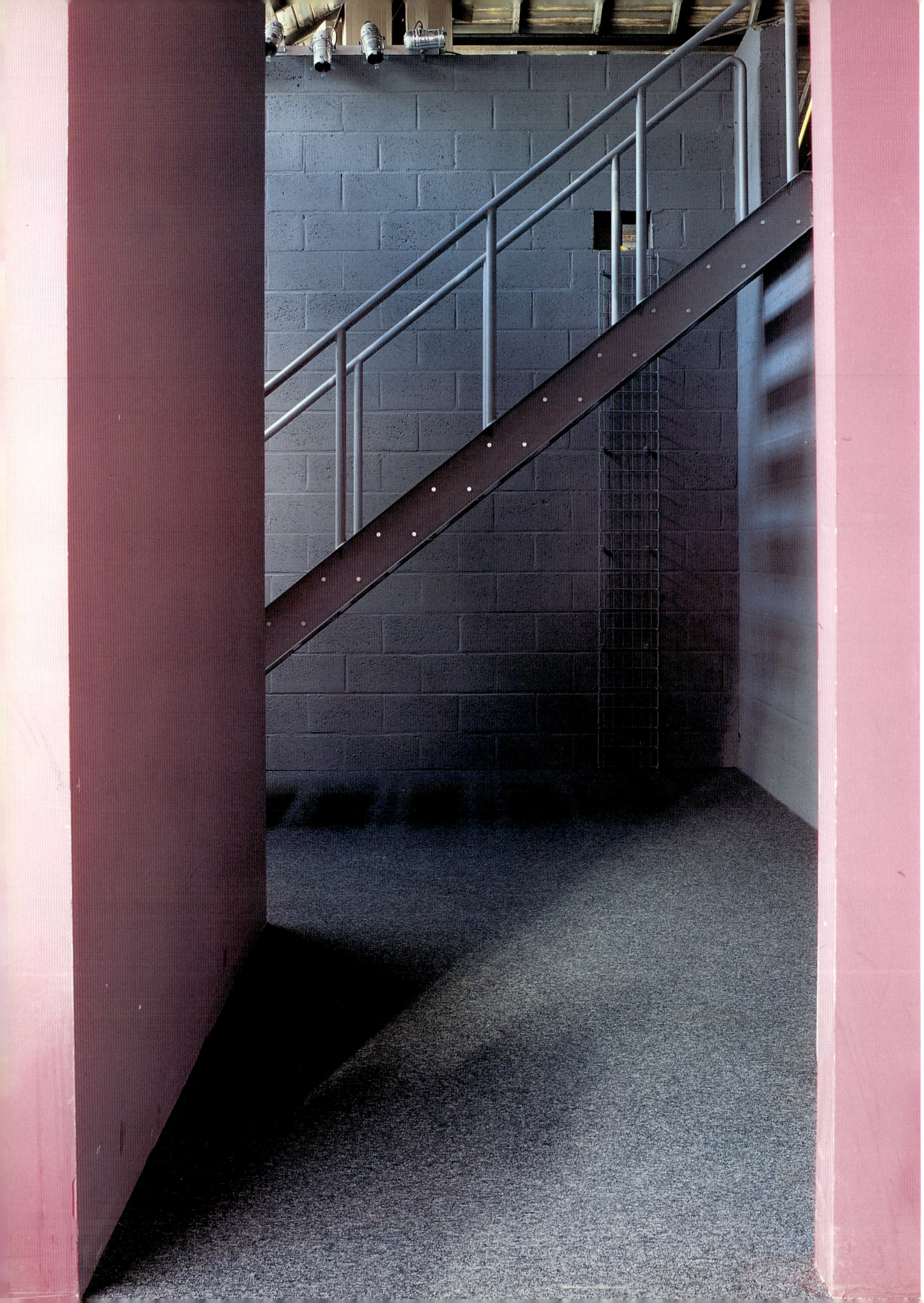

Dr. No chairs by Kartell.

Chaises Dr. No de Kartell.

Dr. No stoelen van Kartell.

The large XXL Dome lamp is by Ingo Maurer.

La grande lampe XXL Dome est de Ingo Maurer.

De grote lamp XXL Dome is van Ingo Maurer.

The desk was made for this project by In Store. Costanzina lamp by Luceplan.

Le bureau a été réalisé sur mesure par In Store. Lampe Costanzina de Luceplan.

Het bureau werd op maat gemaakt door In Store. Lamp Costanzina van Luceplan.

SAP LOUNGE 89

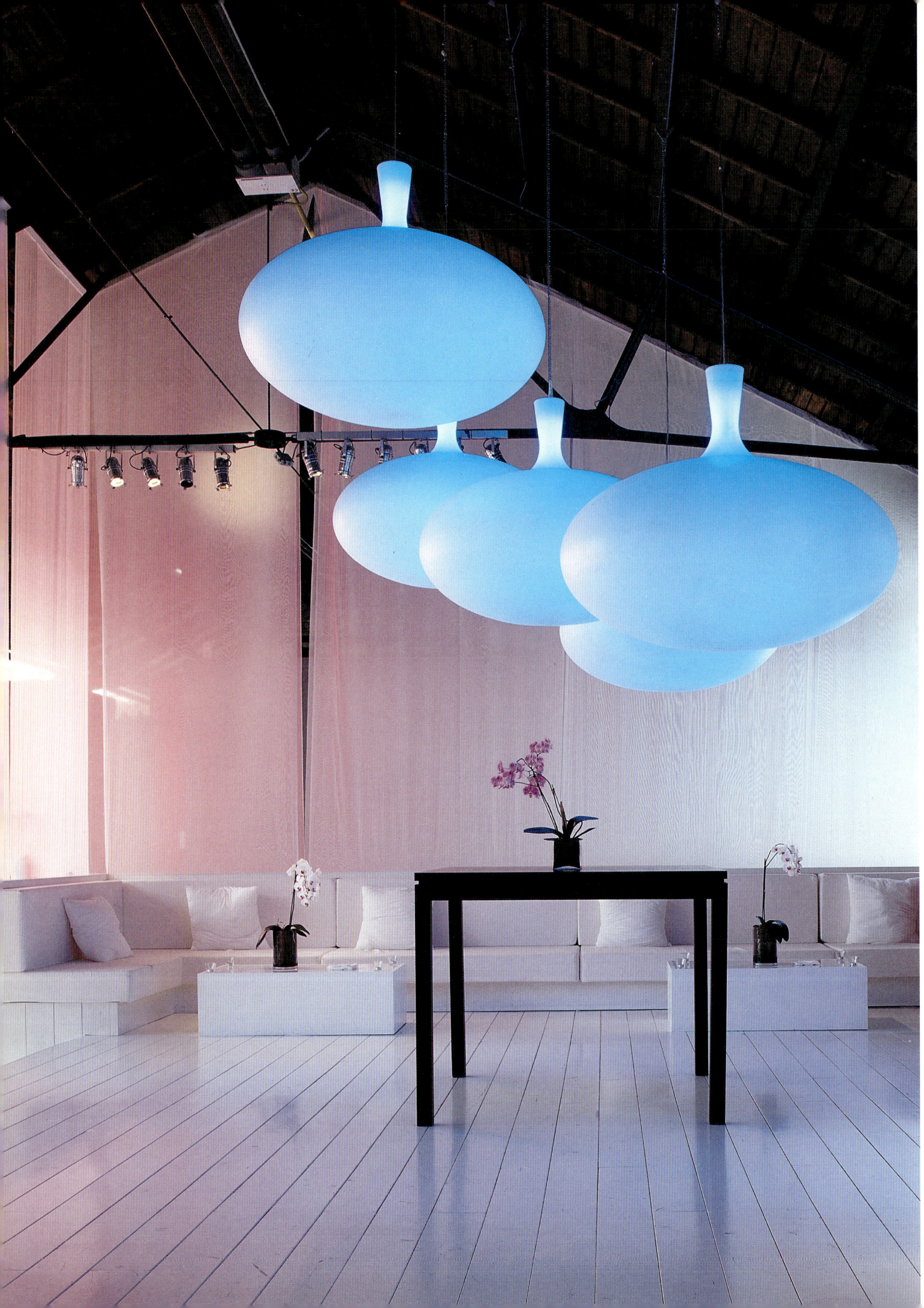

Hanging lamps by Dark (No Fruit). A Douglas table by Meridiani.

Suspensions de Dark (No Fruit). Une table Douglas de Meridiani.

Hanglampen van Dark (No Fruit). Een tafel Douglas van Meridiani.

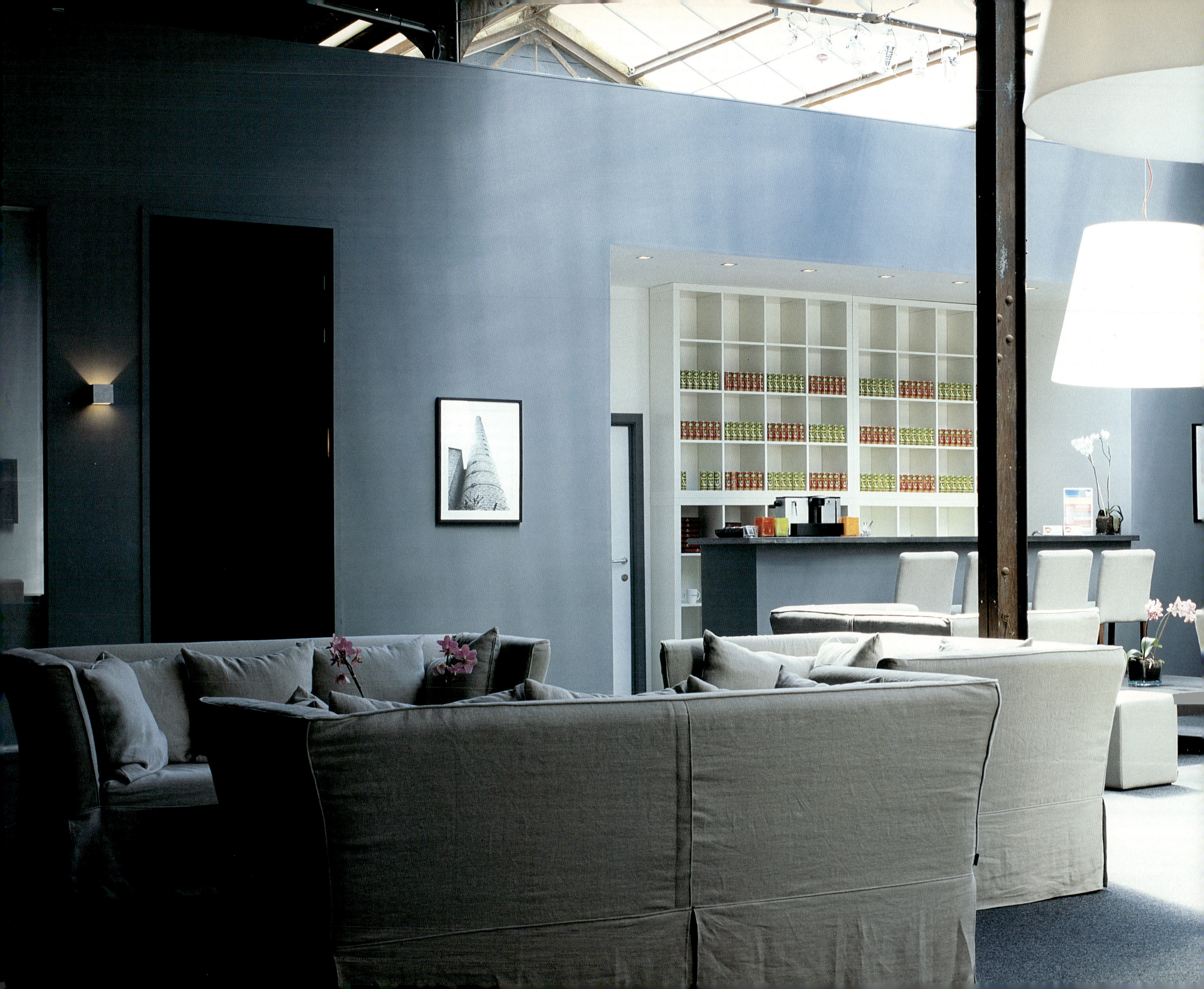

Amax lamps by Fontana Arte. Coffee tables and consoles (Douglas) by Meridiani.
The sofas are not supplied by In Store.

Lampes Amax de Fontana Arte. Petites tables de salon et consoles Douglas de Meridiani.
Les canapés n'ont pas été fournis par In Store.

Amax lampen van Fontana Arte. Salontafeltjes en consoles Douglas van Meridiani.
De canapés werden niet door In Store geleverd.

PALO ALTO WALLDORF BANGALORE TOKYO

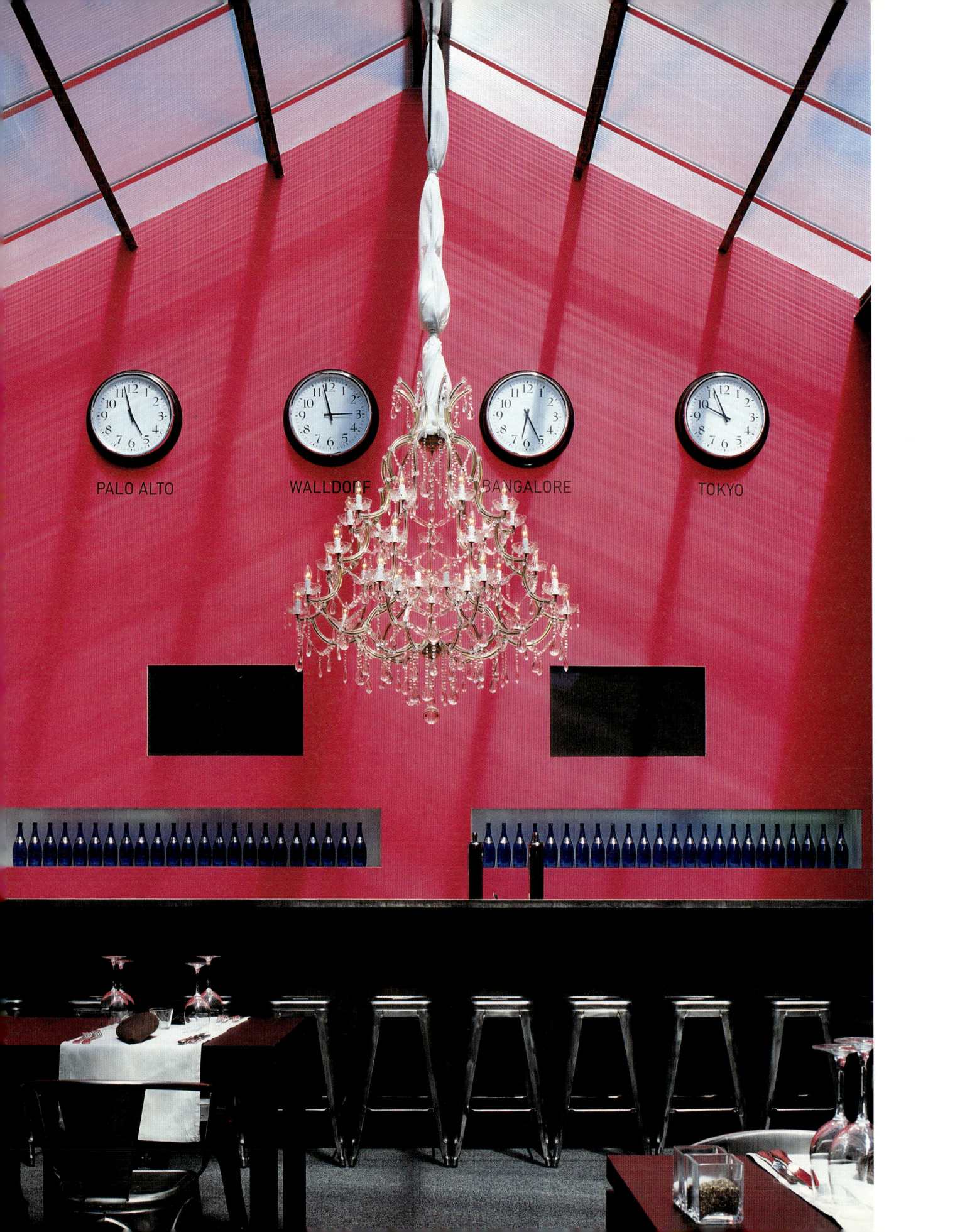

SAP LOUNGE   95

O'COOL

IN STORE INTERIOR ARCHITECTURE

In Store, the Brussels-based interior architecture studio, was asked to design the offices of O'Cool.

L'aménagement des bureaux de l'entreprise O'Cool a été confié au bureau bruxellois d'architecture d'intérieur In Store.

Het Brusselse bureau voor interieurarchitectuur In Store werd gevraagd om de kantoren van O'Cool in te richten.

ACCES
BUREAUX

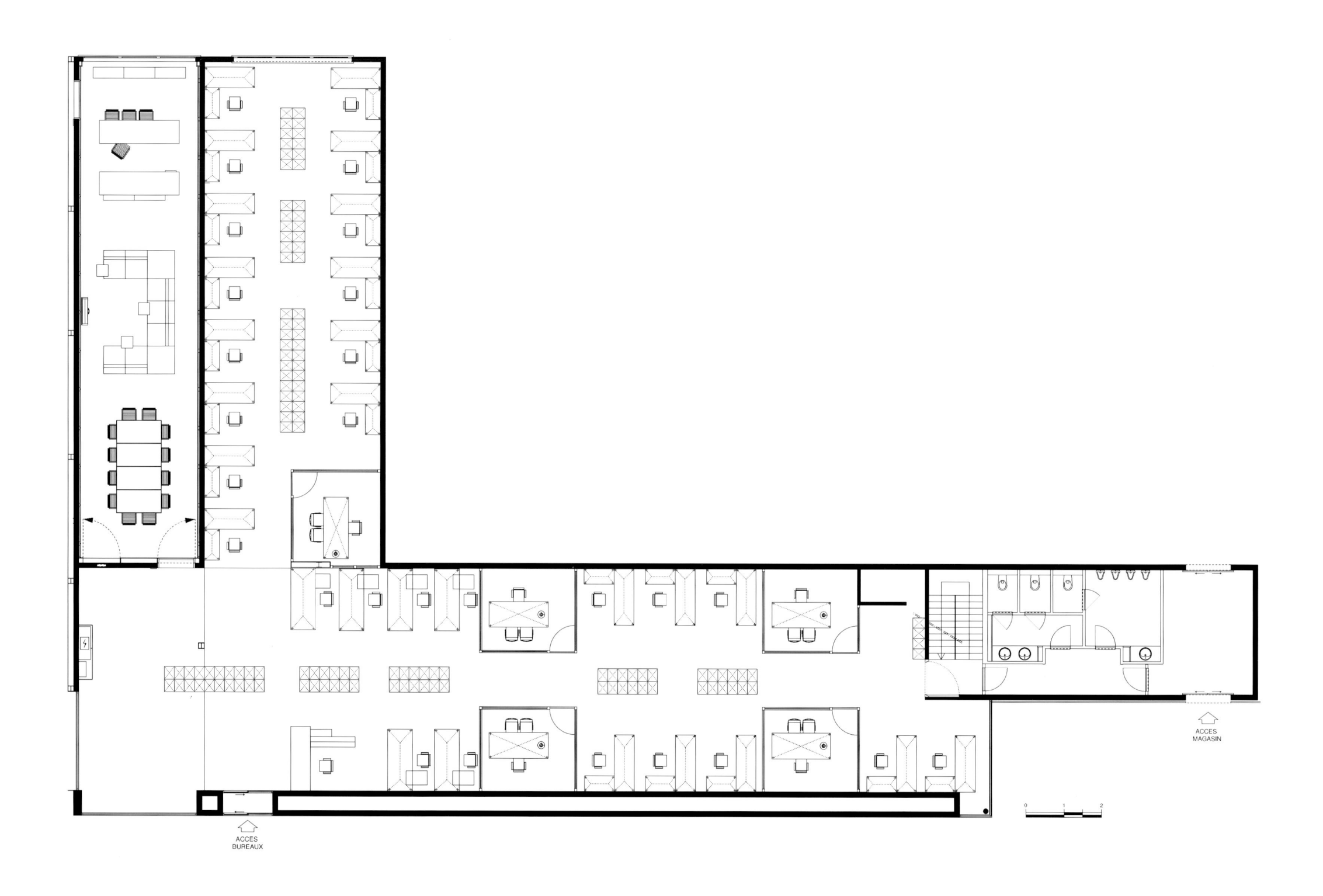

ACCES
MAGASIN

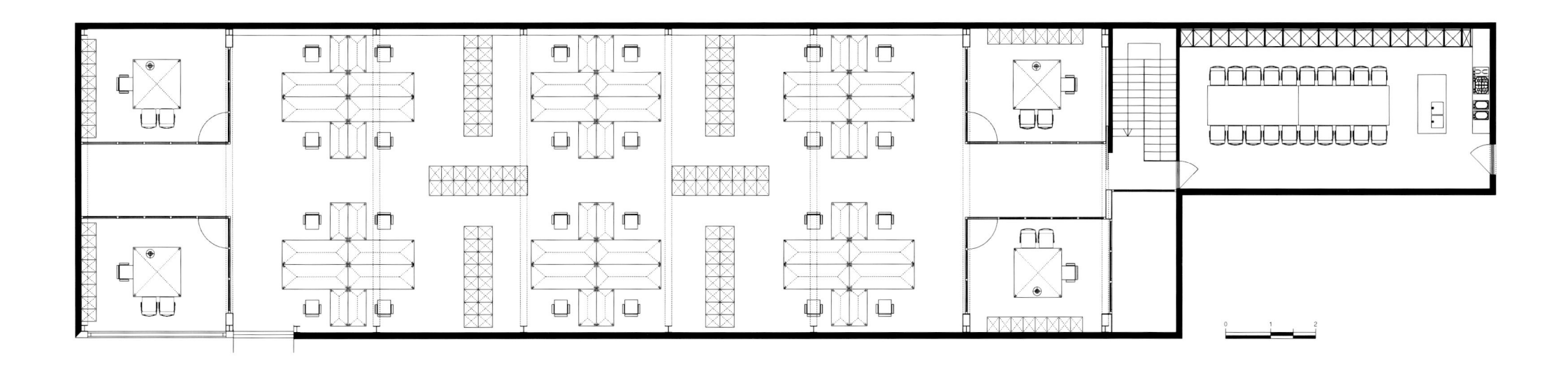

O'COOL

102-105

The oak-veneer panelling has been sandblasted and bleached.
Flor sofas by MDF Italia, in Divina fabric.
Small Maxalto table in gleaming steel.
The large grey-black lamps (diameter: 180 cm) are a design by Bart Lens.
Colors conference table by MDF Italia in anthracite grey. Aluminium Group conference chairs by Vitra (design: Charles & Ray Eames).
The desk is in anodised aluminium (MDF Italia). Newcase storage unit by MDF Italia in aluminium.
Lobby Chair by Vitra in black leather.
Chest of drawers in black leather beneath the desk by Poltrona Frau. Orange carpet by Paola Lenti.

Les lambris en placage de chêne ont été sablés et blanchis.
Canapés Flor de MDF Italia, habillés d'un tissu Divina.
Table d'appoint Maxalto en acier brillant.
Les amples lampes (diamètre 180 cm) gris-noir sont signées Bart Lens.
Table de réunion anthracite Colors de MDF Italia. Chaises de réunion Aluminium Group de Vitra (création Charles & Ray Eames).
Le bureau est en aluminium anodisé (MDF Italia). Meuble de rangement en aluminium Newcase de MDF Italia.
Chaise de bureau en cuir noir Lobby Chair de Vitra.
Sous le bureau, un meuble à tiroirs en cuir noir Poltrona Frau. Tapis orange Paola Lenti.

De lambrisering in eikfineer werd gezandstraald en uitgebleekt.
Canapés Flor van MDF Italia, bekleed met een stof Divina.
Bijzettafeltje Maxalto in glanzend staal.
De grote lampen (diameter 180 cm) in grijs-zwart zijn een ontwerp van Bart Lens.
Vergadertafel Colors van MDF Italia in antracietgrijze kleur. Aluminium Group vergaderstoelen van Vitra (ontwerp Charles & Ray Eames).
Het bureau is vervaardigd in geanodiseerd aluminium (MDF Italia). Opbergmeubel Newcase van MDF Italia in aluminium.
Bureaustoel Lobby Chair van Vitra in zwart leder.
Ladenkast in zwart leder onder het bureau van Poltrona Frau. Oranje tapijt van Paola Lenti.

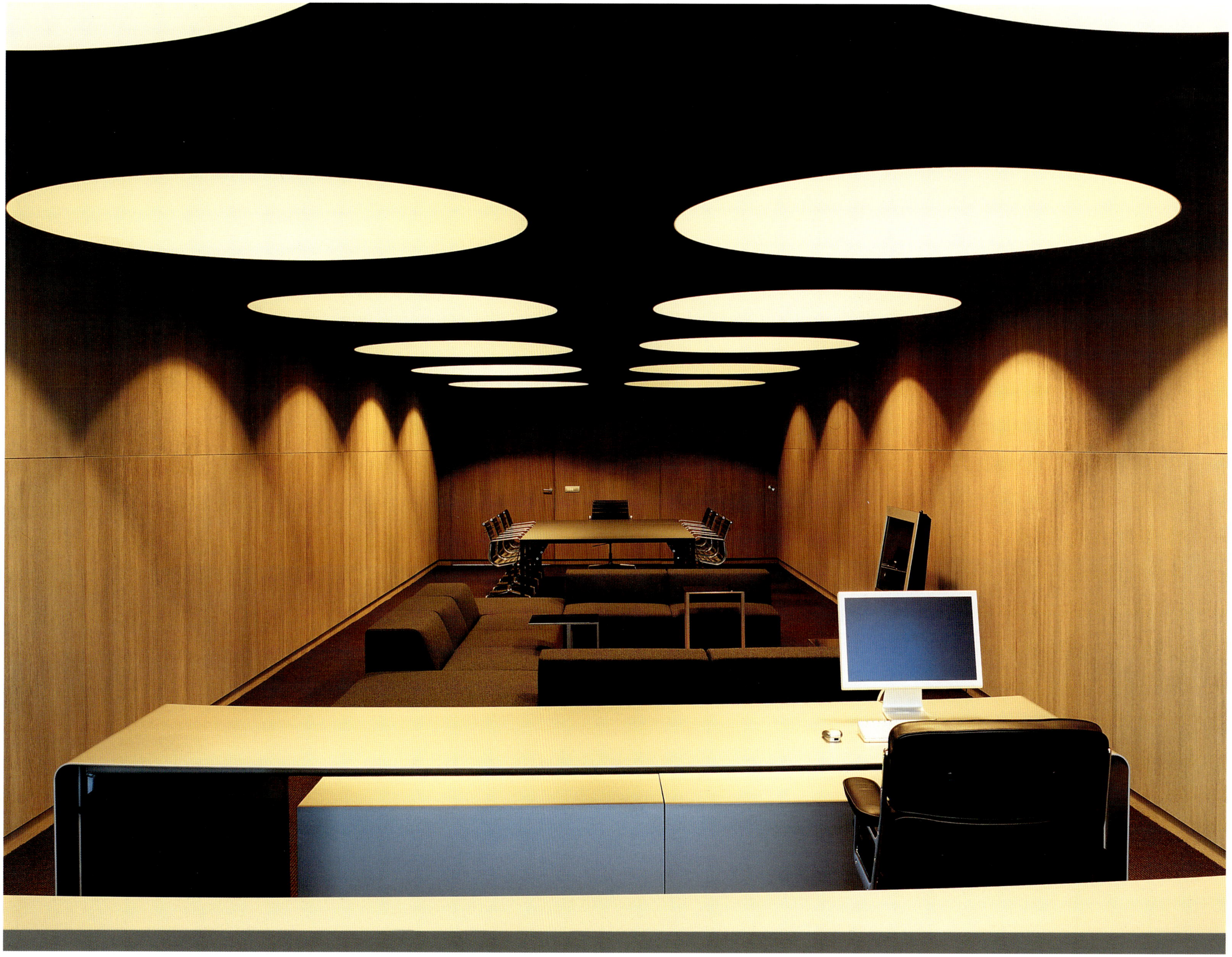

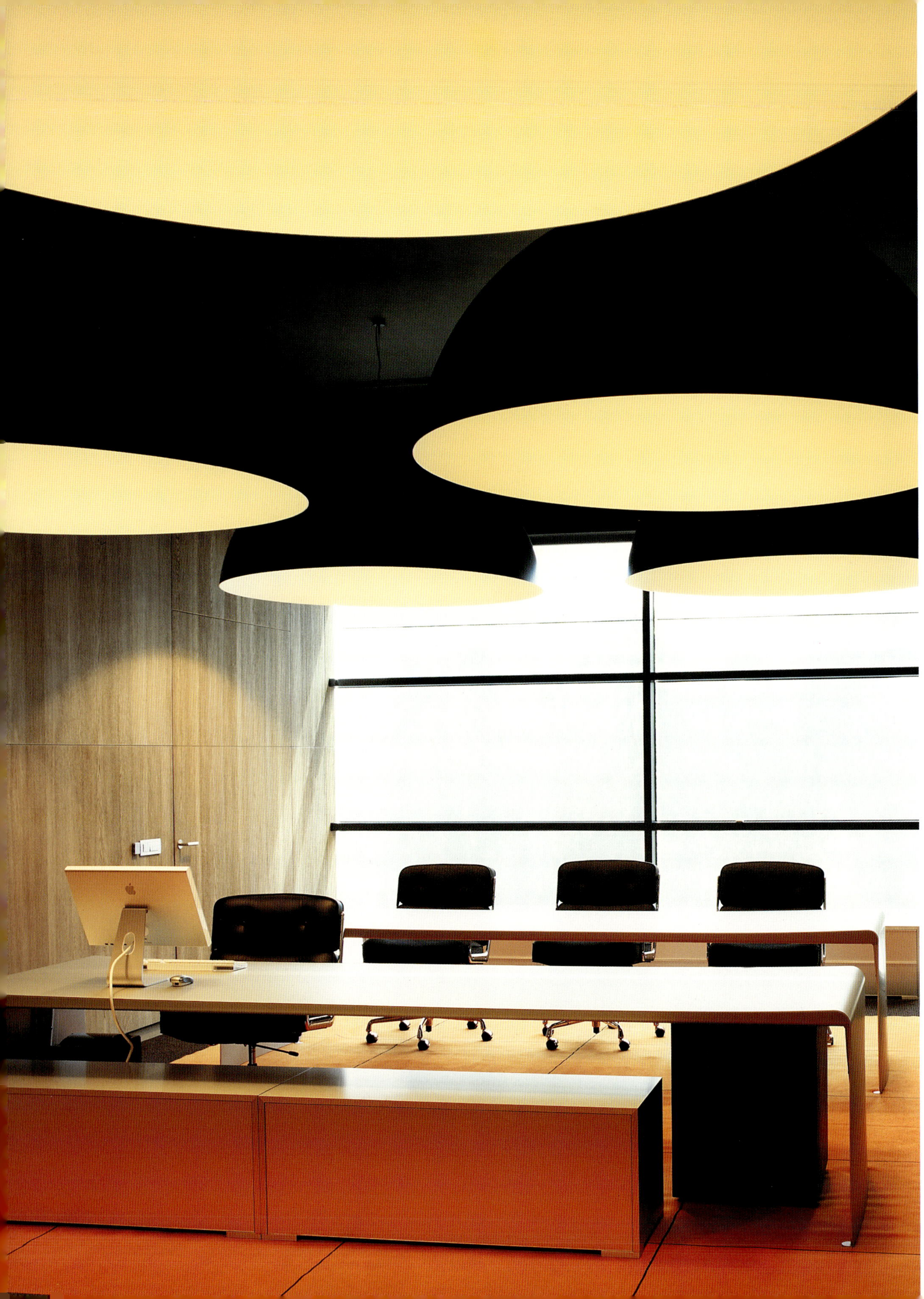

O'COOL 105

Ash-wood tables, cupboards and desks from the H20 range by Bulo (design: Bataille + ibens).
Costanzina desk lamps by Luceplan.
Pub & Club desk chairs in velour, designed by Luc Vincent and Bulo Design Team.

Tables, armoires et bureaux de la collection H20 de Bulo (réalisation Bataille + ibens) en frêne.
Lampes de bureau Costanzina de Luceplan.
Chaises de bureau en velours Pub & Club, créées par Luc Vincent et Bulo Design Team.

Tafels, kasten en bureau's uit het H20-gamma van Bulo (ontwerp Bataille + ibens), uitgevoerd in essehout.
Bureaulampen Costanzina van Luceplan.
Bureaustoelen Pub & Club in velours, ontworpen door Luc Vincent en Bulo Design Team.

Bob armchairs by Flexform in black leather. Cube table by Interni.

Fauteuils en cuir noir Bob de Flexform. Table Cube d'Interni.

Fauteuils Bob van Flexform in zwart leder. Tafel Cube van Interni.

A Varenna kitchen (model: Time) with cooker hood in anodised aluminium (Poliform). The table was made for this project. Chairs designed by Starck for Driade.

Une cuisine Varenna (modèle Time) avec hotte sur mesure en aluminium anodisé (Poliform). La table a été réalisée sur mesure. Les chaises ont été créées par Starck pour Driade.

Een Varenna-keuken (model Time) met maatdampkap in geanodiseerd aluminium (Poliform). De tafel werd op maat gemaakt. Stoelen ontworpen door Starck voor Driade.

DWEK ARCHITECTS OFFICE

OLIVIER DWEK   INTERIOR ARCHITECTURE

Olivier Dwek has created an office for his interior-architecture company in an elegant early-twentieth-century building in Brussels.

During the radical renovation work, Dwek employed the principles that he always follows in his projects, whether working on offices or private homes: optimal use of space, lots of light, new perspectives and streamlined design to create an atmosphere that is calm, but not cold.

Olivier Dwek a installé son bureau d'architecture d'intérieur dans une maison de maître bruxelloise du début du 20ᵉ siècle.

Pour la rénovation de fond en comble, il a appliqué les principes que l'on retrouve dans chacun de ses projets, professionnels ou privés : la recherche de volumétrie, la profusion de lumière, la création de perspectives et de formes épurées : la sérénité sans froideur.

Olivier Dwek bracht zijn bureau voor interieurarchitectuur onder in een begin 20ˢᵗᵉ-eeuwse herenwoning te Brussel.

Bij de ingrijpende renovatie hanteerde Dwek de principes die hij steeds volgt in zijn kantoor- en privé-projecten: een streven naar volumetrie, sterke lichtinval, het creëren van perspectieven en een pure vormgeving: sereen maar niet koel.

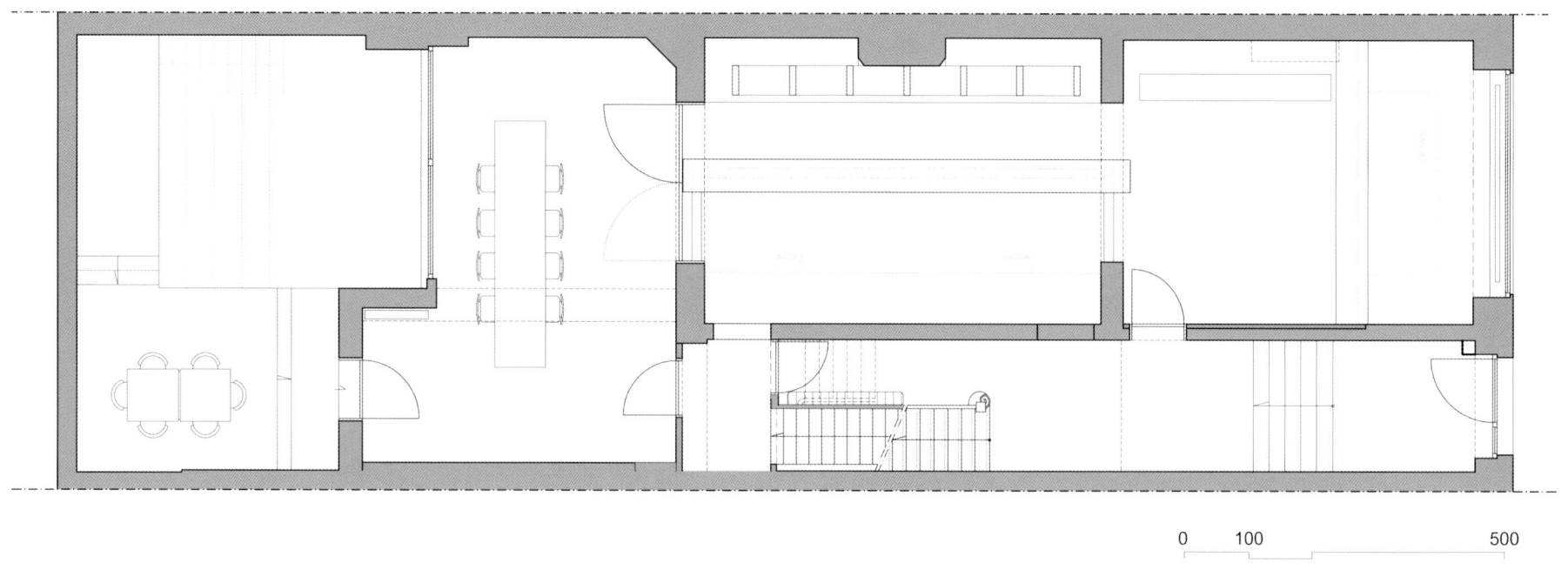

UPPER FLOOR

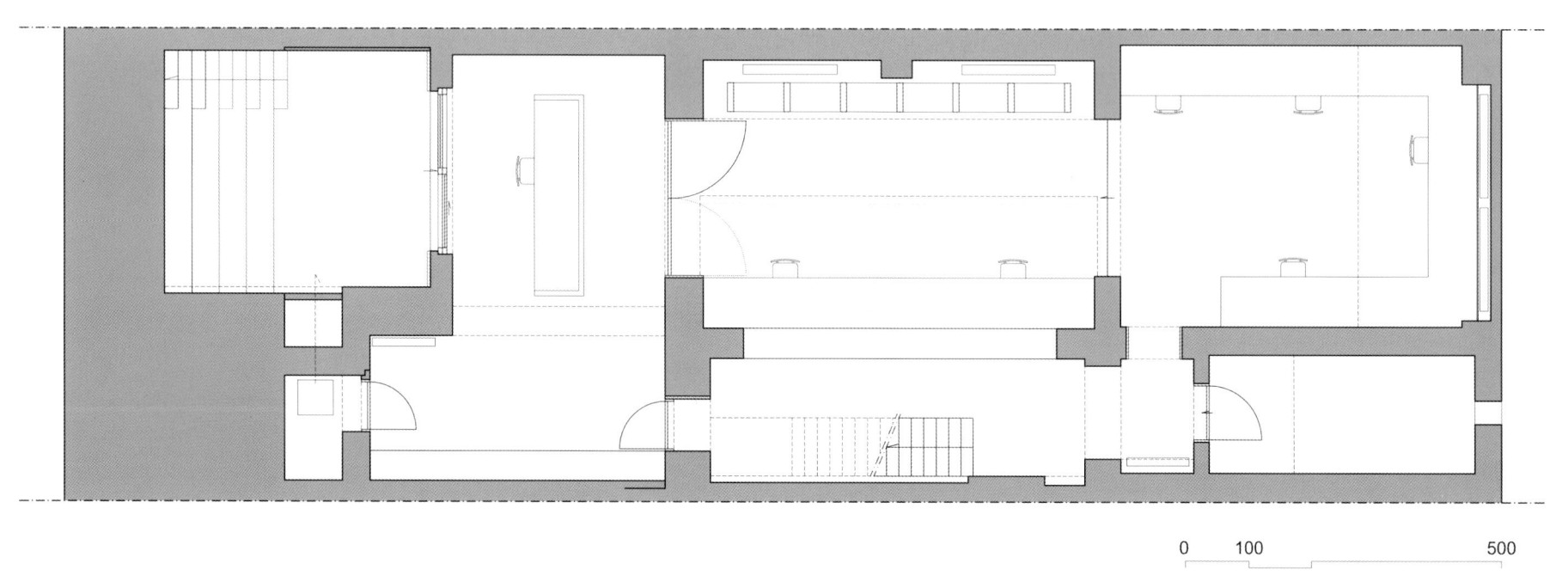

GROUND FLOOR

112 DWEK ARCHITECTS OFFICE

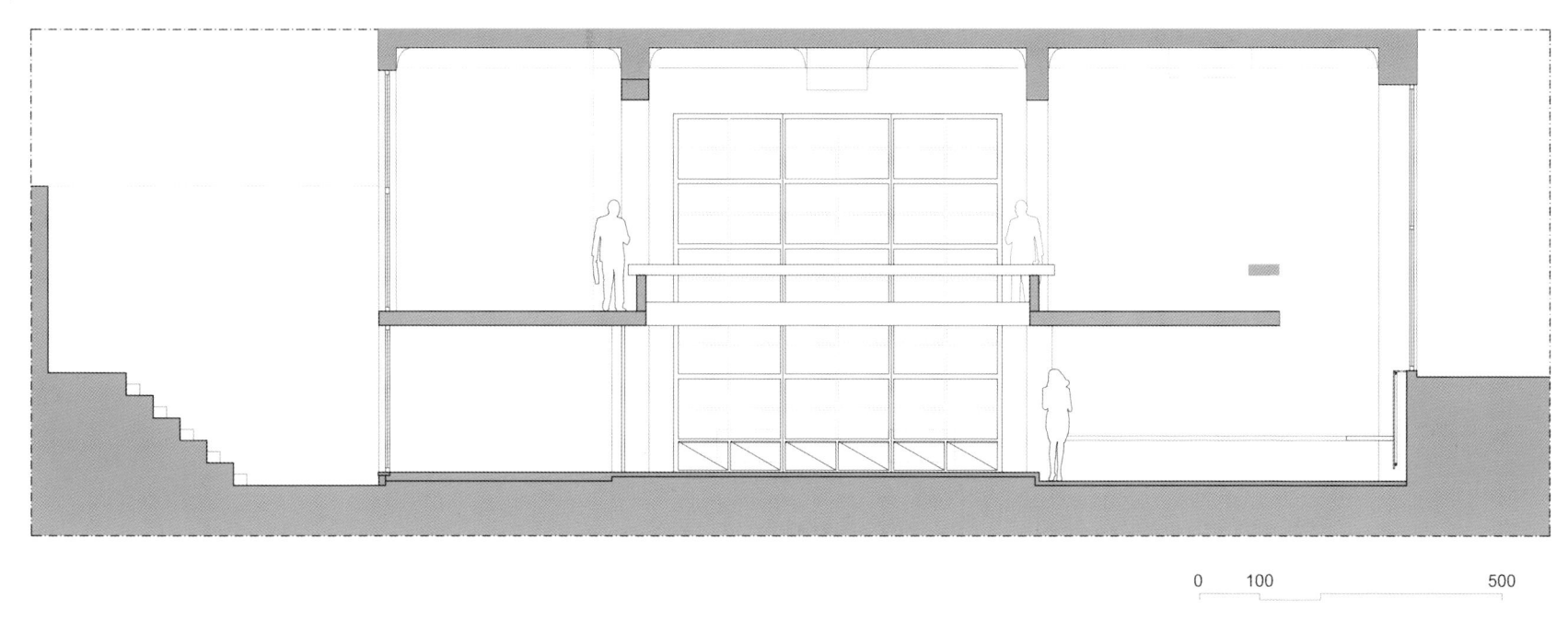

SECTION

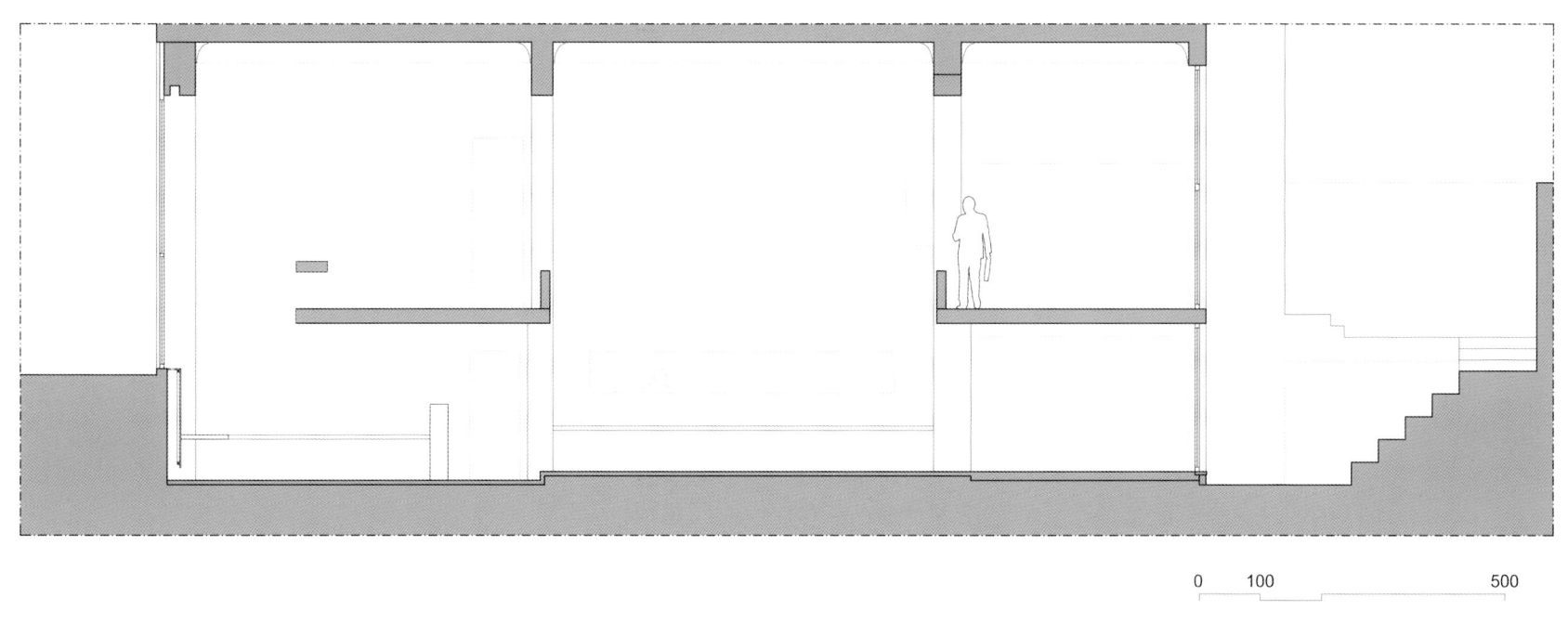

0 100   500

SECTION

0 100   500

DWEK ARCHITECTS OFFICE 113

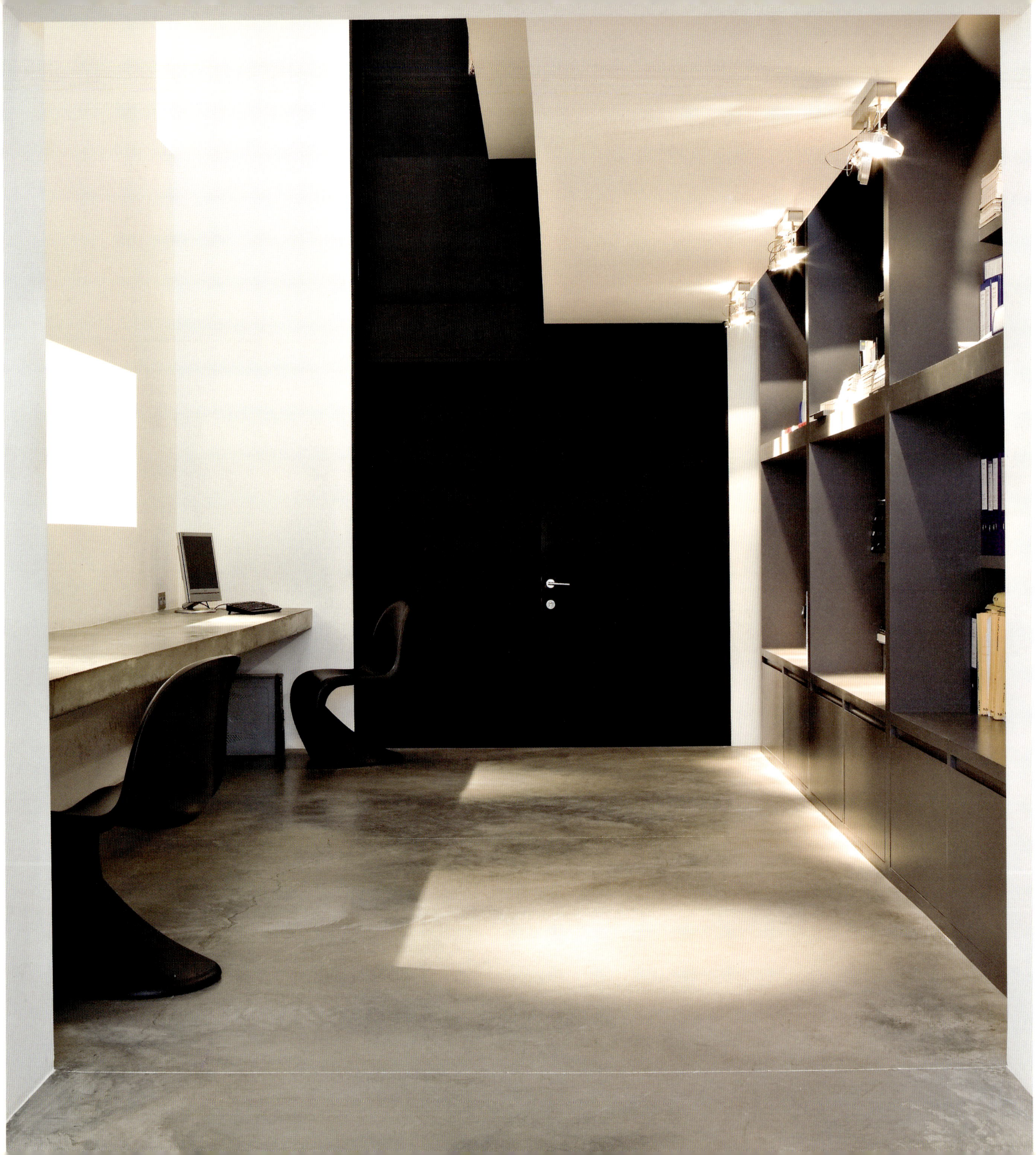

An office environment for Dwek Architects' studio for architecture and interior design. Polished concrete floor.
The long opening in the wall provides a view of the floating staircase: a strong visual element that lends the project a feeling of space and light.

Un bureau paysager pour l'atelier d'architecture, d'architecture d'intérieur et de design de Dwek Architects. Sol coulé en béton poli.
Une longue niche offre une vue sur l'escalier suspendu : un élément hyper visuel qui offre une impression d'espace et de lumière.

Een kantoorlandschap voor het atelier van architectuur, interieurarchitectuur en design van Dwek Architects. Gietvloer in gepolijst beton.
Een lange nis biedt uitzicht op de zwevende trap: een sterk visueel element dat een gevoel van ruimte en licht evoceert.

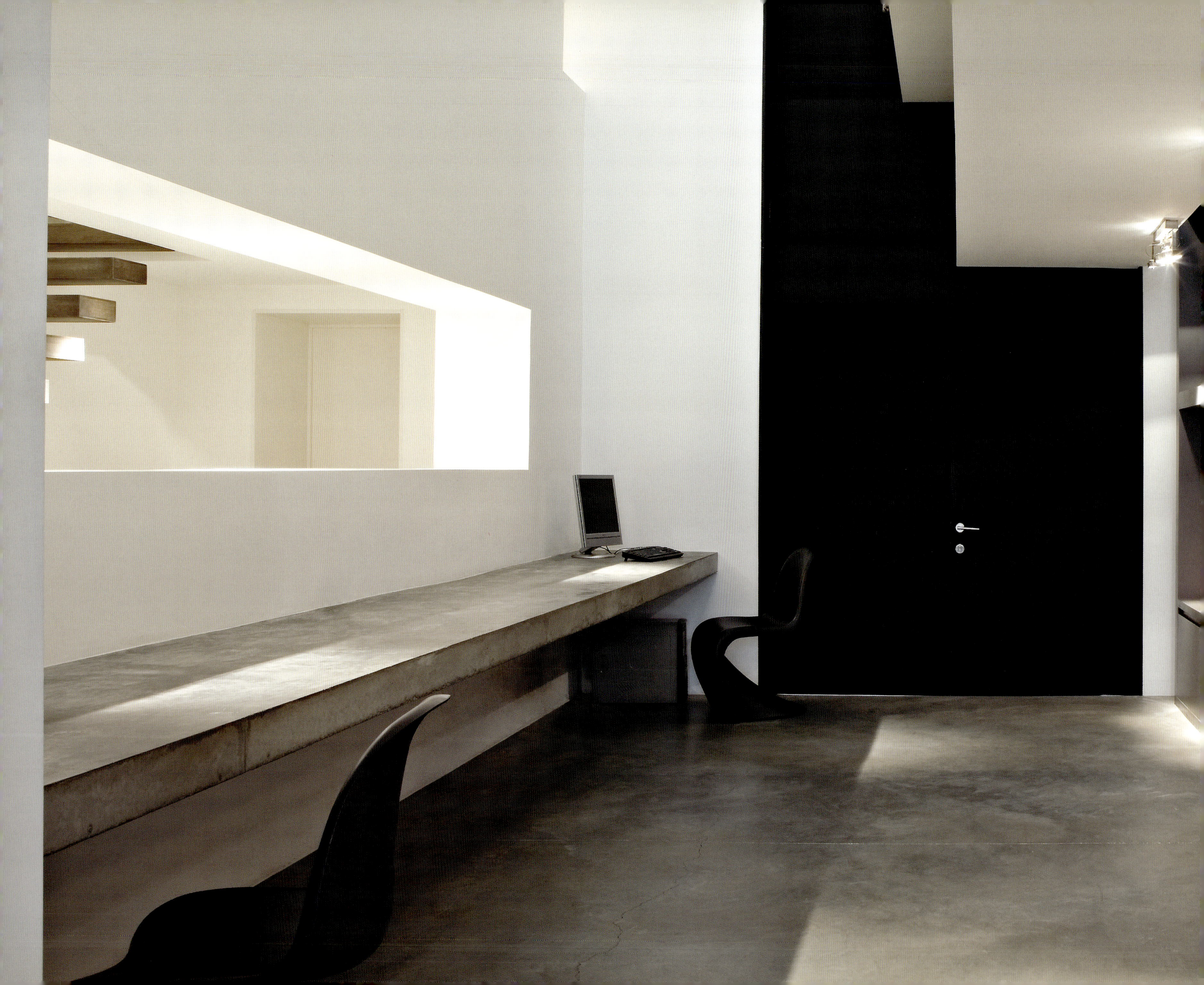

Polished concrete floor. The "Panton" chairs are a 1959 design by Verner Panton. The shelves and the two-storey-high doors increase the sense of verticality in the design and the "floating" feeling of the corridor.

Sol coulé en béton poli. Chaises "Panton Chair" de Verner Panton de 1959. La bibliothèque et les hautes portes se prolongeant sur deux étages accentuent la verticalité de l'ensemble et le caractère flottant du couloir.

Gietvloer in gepolijst beton. Stoelen "Panton Chair" van Verner Panton uit 1959. De bibliotheek en de over twee verdiepingen lopende hoge deuren versterken de verticaliteit van het ontwerp en het zwevende karakter van de doorgang.

The open-space corridor links the ground floor to the conference room upstairs.
The impressive six-metre-high doors demonstrate the vertical effect created by this design. On the balustrade is a seventeenth-century Tibetan Buddha.
The huge black lacquered bookcase (6x6 m) is not an integral feature and is separate from the suspended walkway.

Le couloir suspendu relie l'étage inférieur à la salle de réunion du haut.
Les impressionnantes portes de six mètres de haut soulignent ici aussi l'effet vertical de ce projet. Sur la balustrade, un Bouddha tibétain du 17ᵉ siècle.
La bibliothèque monumentale, laquée mat (6x6 m) n'est pas intégrée et se détache du pont suspendu.

De zwevende doorgang verbindt de benedenverdieping met de vergaderzaal boven.
De indrukwekkende, zes meter hoge deuren tonen ook hier het verticale effect dat dit ontwerp creëeert.
Op de borstwering een 17ᵈᵉ-eeuwse Tibetaanse boeddha.
De monumentale, mat gelakte bibliotheek (6x6 m) is niet geïntegreerd en staat los van de loopbrug.

In the centre is an early-twentieth-century African ladder in front of the open space separating the wooden floor from the exterior wall. This arrangement ensures optimal light for the office area on the ground floor as well.
On the left, a chair designed by Charles and Ray Eames in 1948, "La Chaise".
A contrast between the minimalist character of this rest area and the authentic elements of the building: original mouldings and brick wall.

Au centre, une échelle africaine du début du 20ᵉ siècle assure un vide qui sépare le plancher de la façade : le premier étage (bureau paysager) bénéficie ainsi également d'un apport de lumière optimal.
À gauche, une chaise créée par Charles et Ray Eames en 1948, "La Chaise".
Contraste entre l'esprit minimaliste de ce havre de paix et les éléments authentiques : moulures d'origine et mur de brique chaulé.

Centraal een begin 20ste-eeuwse Afrikaanse ladder voor een vide die de plankenvloer van de gevel scheidt: hierdoor is de lichtinval ook op de benedenverdieping (kantoorlandschap) optimaal.
Links een stoel ontworpen door Charles en Ray Eames in 1948, "La Chaise".
Contrast tussen het minimalistische karakter van dit rustpunt en de authentieke elementen: originele mouluren en een gekalkte baksteenmuur.

DWEK ARCHITECTS OFFICE

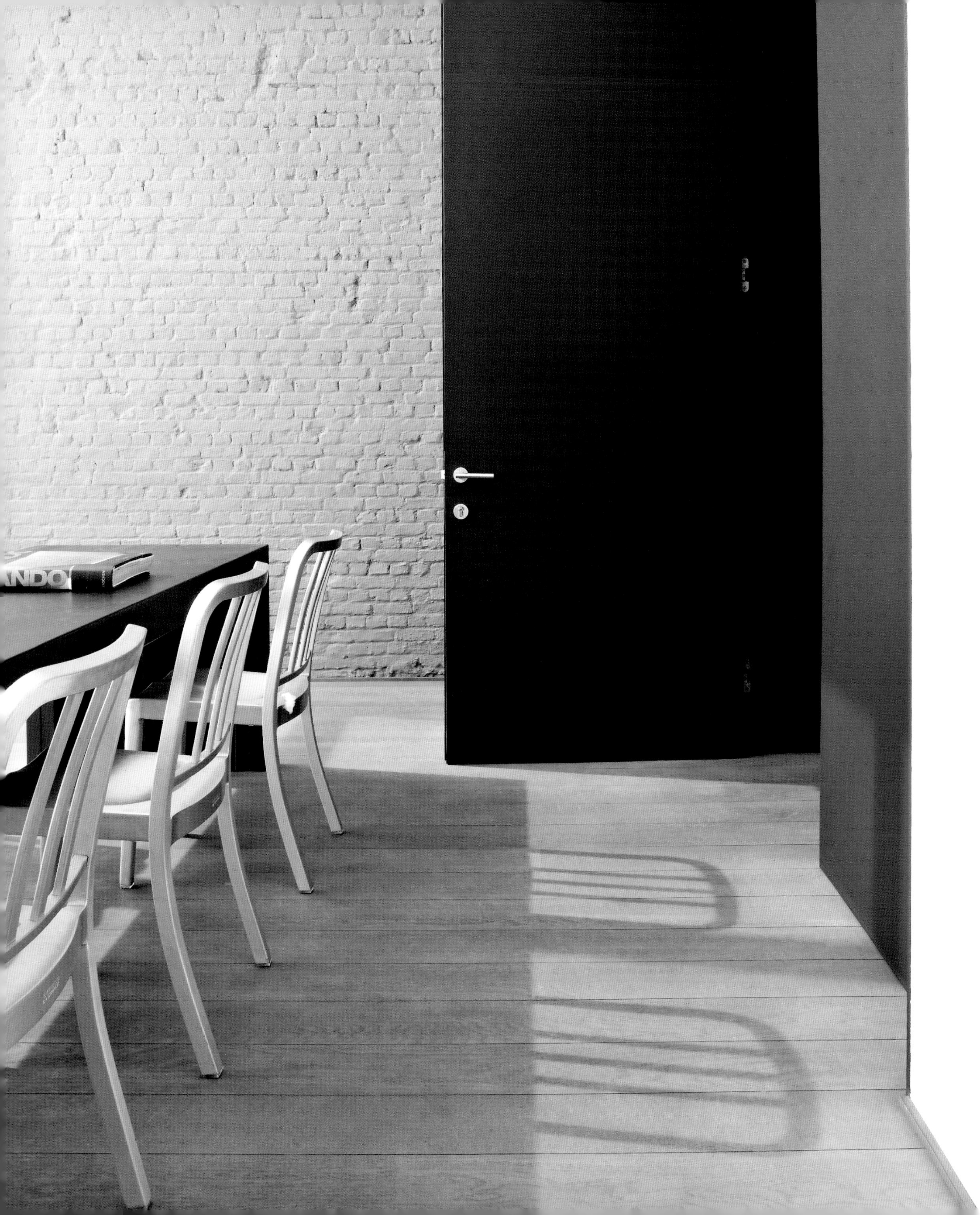
ANDO

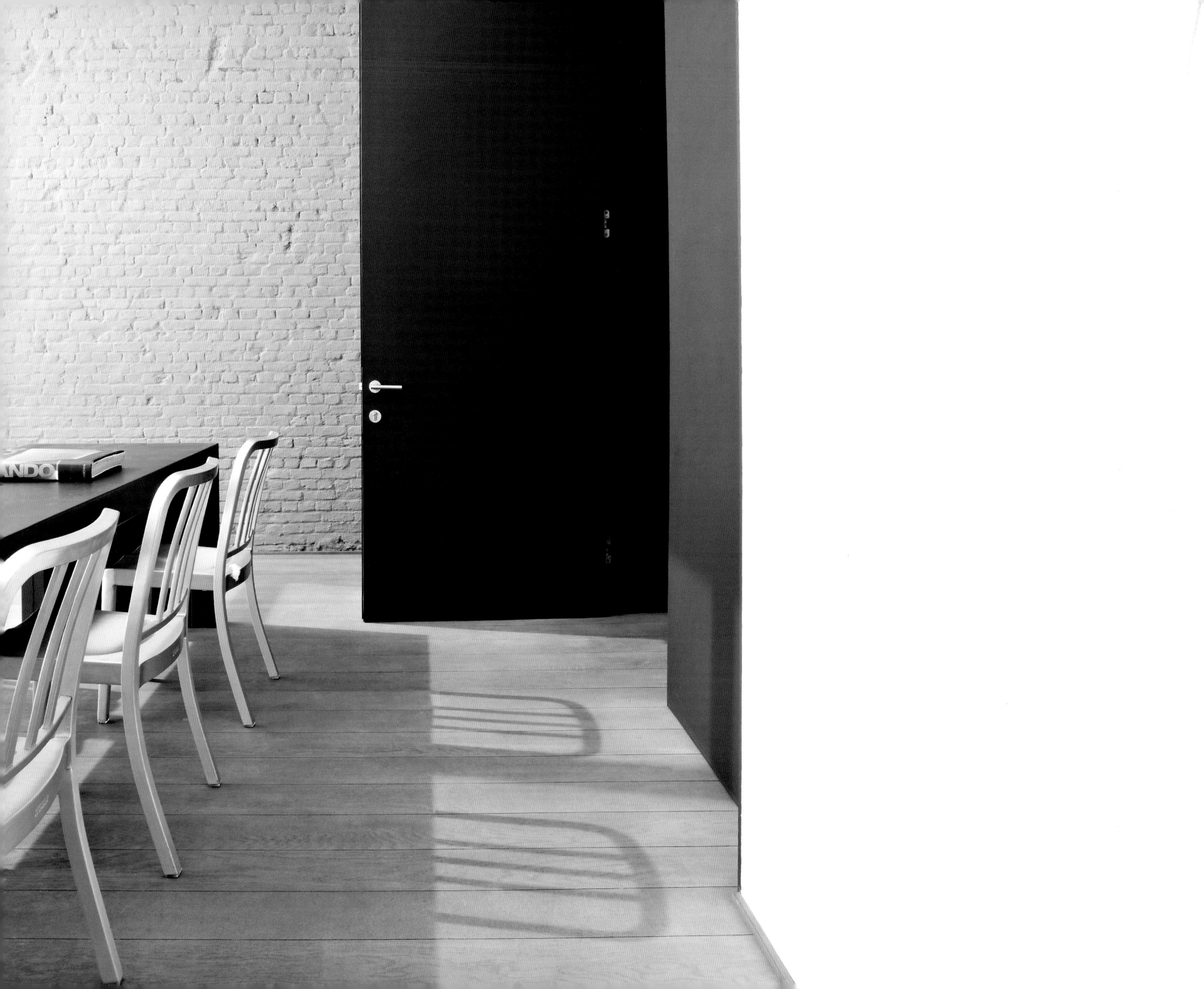

Black wrought-iron table designed by Olivier Dwek.
US Navy chairs in brushed aluminium produced in 1944 for the American navy, and redesigned by Starck. Photo by Caroline Notté.

La table en fer forgé noir a été dessinée par Olivier Dwek.
Chaises US Navy en aluminium brossé, fabriquées en 1944 pour les Marines américains et revisitées par Starck. Photo de Caroline Notté.

De tafel in zwart smeedijzer werd door Olivier Dwek getekend.
Stoelen US Navy in geborsteld aluminium: geproduceerd in 1944 voor de Amerikaanse marine, maar herdacht door Starck. Foto van Caroline Notté.

CORPORATE XPERTISE

CLAIRE BATAILLE & PAUL iBENS   DESIGNERS

The client who bought this rather gloomy office building in Evere asked Claire Bataille and Paul ibens to brighten up the property, with a focus on creating more light and space. The project was developed in collaboration with architect Koen Pauwels.

The front of the building, including the windows, has been completely renovated. The floor of the entrance hall was altered to make it level with the street. The interior space was divided up to create a new floor plan, with the entire ground floor being redesigned as a reception area for clients. This space contains one very large conference room, a number of smaller meeting rooms, a cloakroom, toilets and a kitchenette. On the first floor are staff offices, a canteen with a kitchenette and storage space.

The atrium with its skylight and glass walls allows much more light into the building, creating a feeling of transparency.

L'acquéreur de cet immeuble de bureaux situé à Evere a demandé à Claire Bataille et Paul ibens de rafraîchir cet ensemble plutôt sombre en privilégiant la lumière et l'espace. Ce projet a été réalisé en collaboration avec l'architecte Koen Pauwels.

La façade avant et ses châssis ont été totalement rénovés. La différence de niveau de l'entrée a été corrigée pour correspondre au niveau de la rue. L'intérieur a été réaménagé en profondeur. Tout le rez-de-chaussée a été assigné à l'accueil des clients. Il se compose d'une grande salle de réunion et de plus petites, d'un vestiaire, de sanitaires et d'une kitchenette. Le premier étage accueille les bureaux du personnel, une cantine avec kitchenette et placards.

Le vide formé par le dôme de lumière et les parois vitrées apportent un bel afflux de lumière et de transparence.

De bouwheer die dit bestaand maar eerder donker kantoorgebouw in Evere heeft gekocht gaf Claire Bataille en Paul ibens de opdracht het geheel op te frissen met veel aandacht voor licht en ruimte. Dit project ontstond in samenwerking met architect Koen Pauwels.

De voorgevel en de ramen vooraan werden helemaal vernieuwd. De inkom met niveau-verschil werd met straat gelijkgemaakt. De ruimte binnenin werd helemaal heringedeeld. Het gelijkvloers wordt volledig gebruikt voor het ontvangst van klanten. Het bevat één heel grote en verscheidene kleinere vergaderzalen, een vestiaire, sanitaire ruimte en een kitchenette. De eerste verdieping bevat bureaus voor het personeel, een kantine met kitchenette en opbergkastjes.

De vide met lichtkoepel en glazen wanden zorgen voor opmerkelijk meer licht en transparantie in deze ruimten.

126 CORPORATE XPERTISE

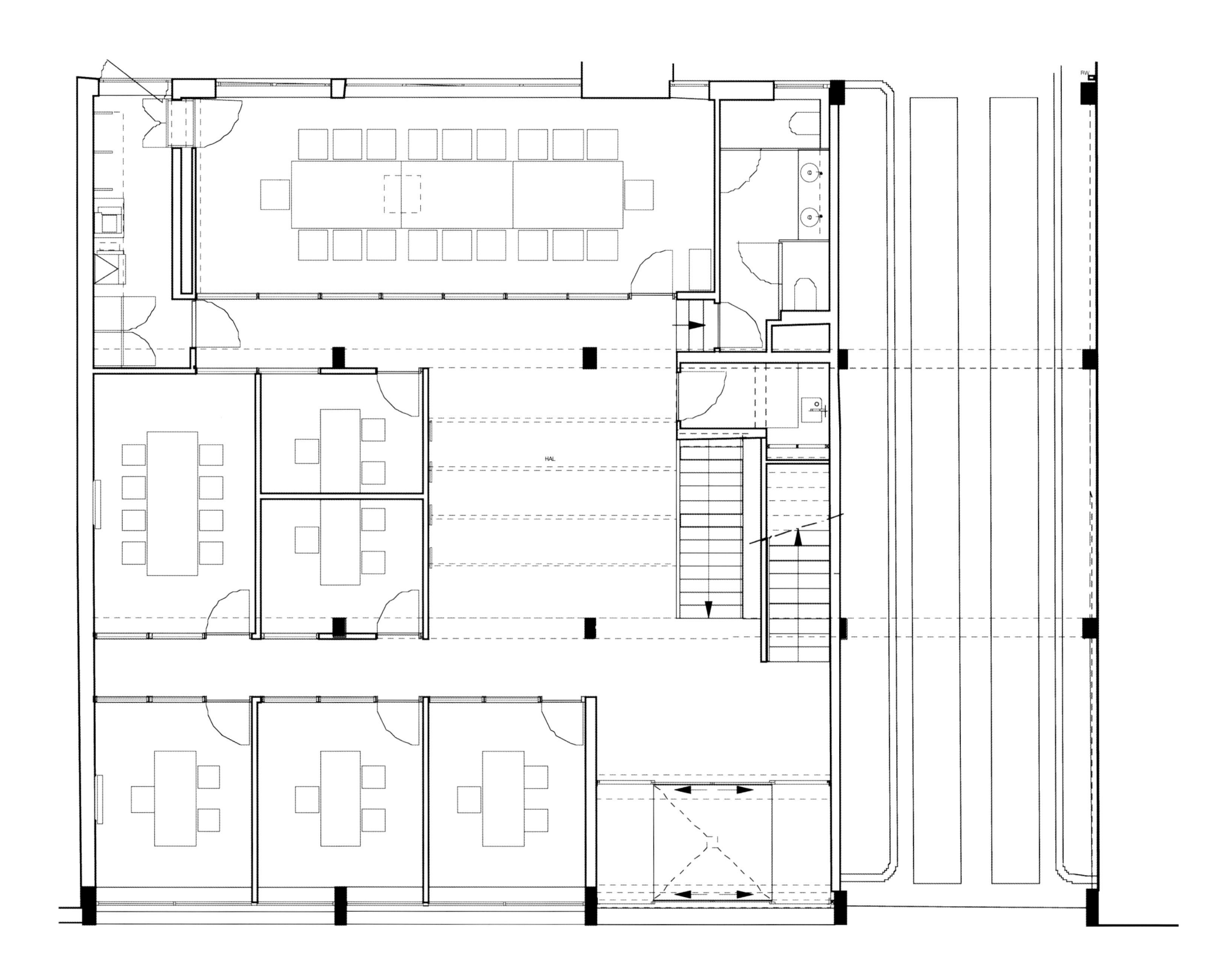

CORPORATE XPERTISE 127

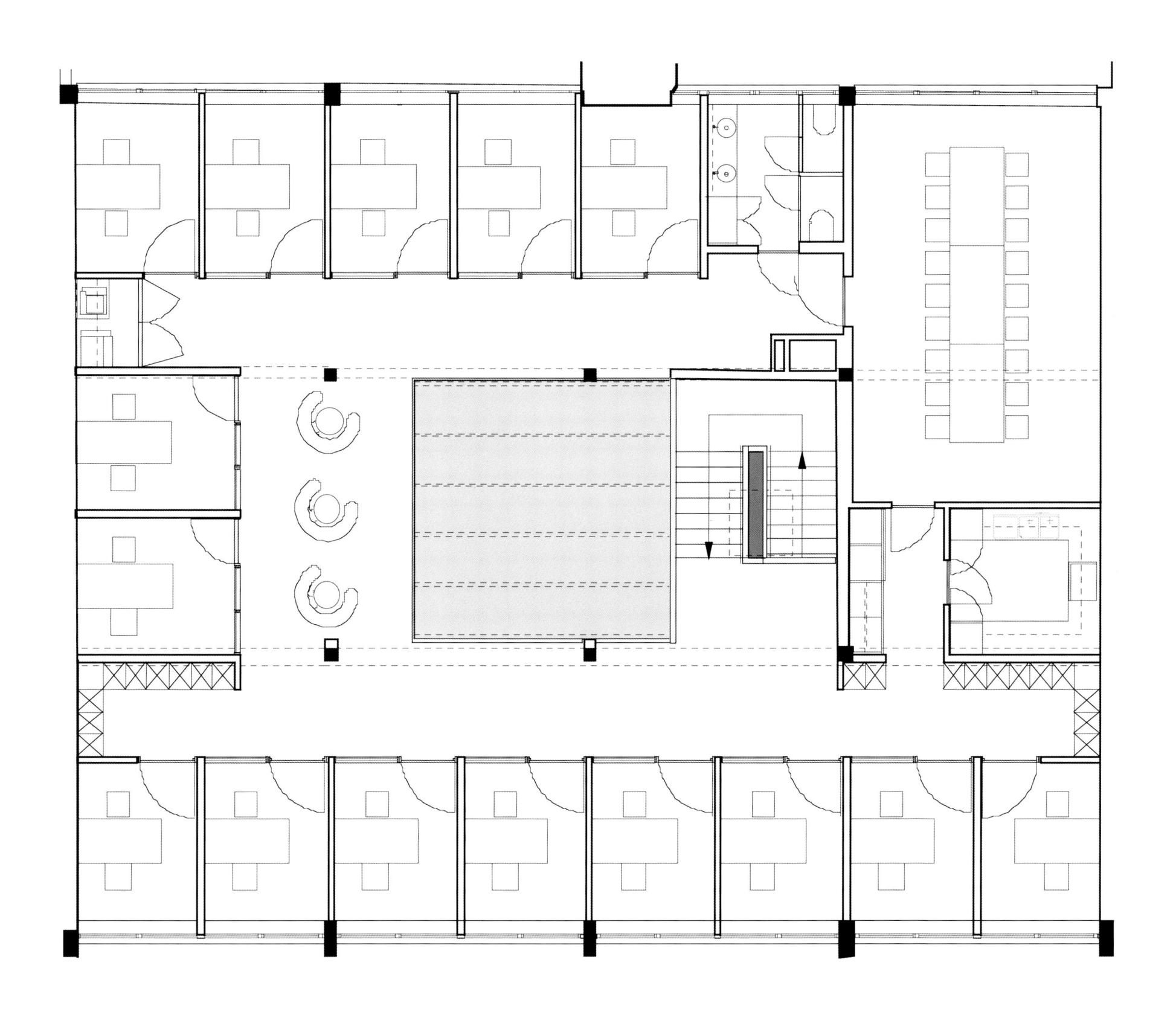

The entrance has an epoxy floor. White painted walls, bench by Claire Bataille and Paul ibens, made by Feld.

Le hall d'entrée est recouvert d'un sol coulé en epoxy. Murs blancs, banc 'bench' créé par Claire Bataille et Paul ibens et édité par Feld.

De inkom is bekleed met een epoxy gietvloer. Witgeschilderde muren, bank 'bench' ontworpen door Claire Bataille en Paul ibens en uitgegeven door Feld.

The front of the building. The existing pillars were painted black, with solid-core cladding. Letterbox designed by Claire Bataille and Paul ibens. Garden landscaping by Avant Garden.

La façade avant. Les piliers ont été peints en noir et le revêtement de façade est en Volkern. La boîte aux lettres est une création de Claire Bataille et Paul ibens. Le jardin est l'œuvre d'Avant Garden.

De voorgevel. De bestaande kolommen werden zwart geschilderd, met gevelbekleding in volkern. Brievenbus ontworpen door Claire Bataille en Paul ibens. Tuinaanleg door Avant Garden.

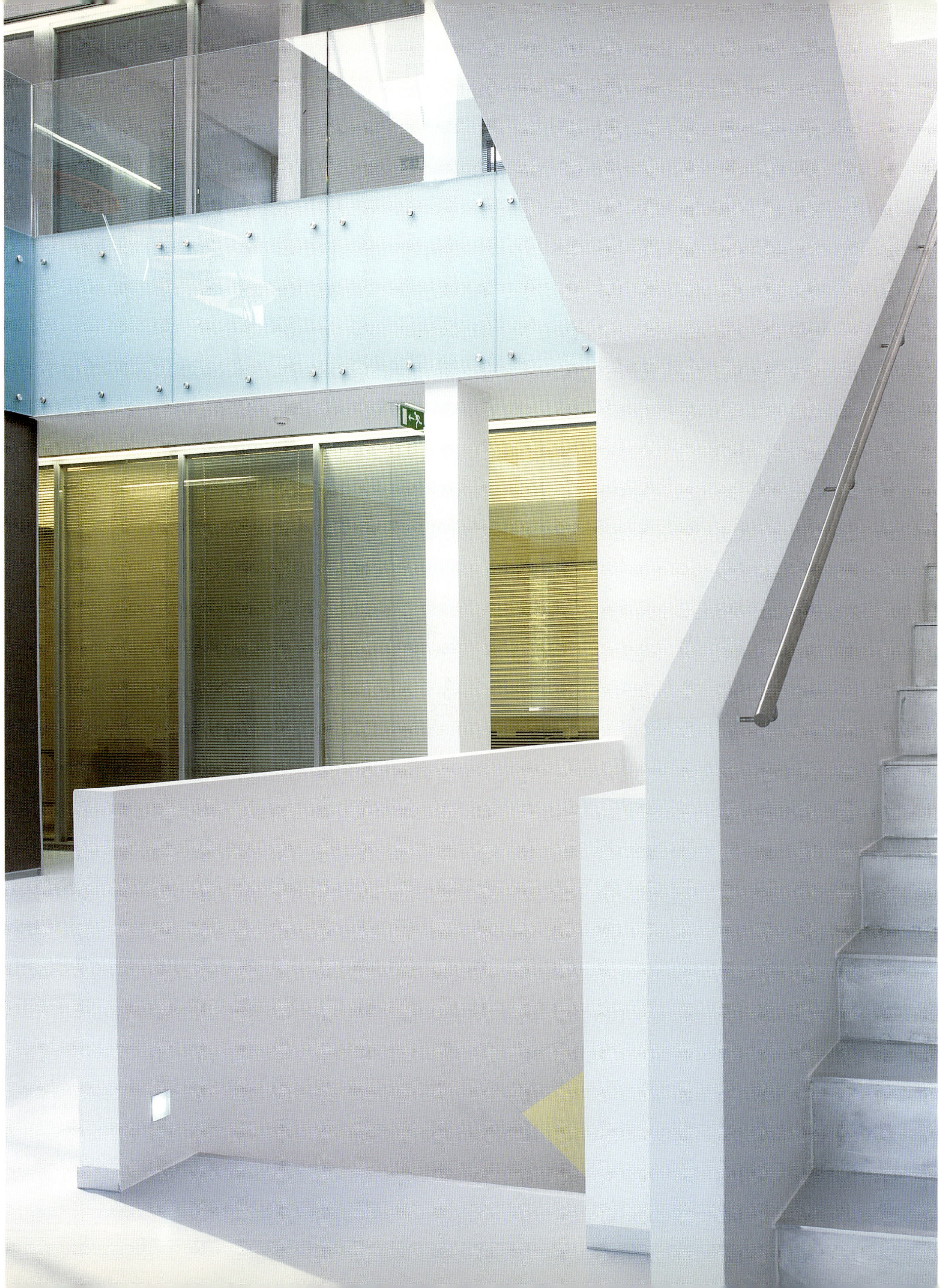

A new staircase to the basement was installed. The existing stairs to the first floor have a screed finish with brushed aluminium risers.
The office with its soundproofed double glazing. H2O table and chairs by Bulo (design: Paul ibens & Claire Bataille).

Un escalier supplémentaire a été installé pour accéder à la cave. Il existait déjà un escalier menant au niveau 1 avec un plan coulé et des marches en aluminium poncé.
Le bureau est muni de murs à double vitrage acoustique. Table et chaises H2O de Bulo (création Paul ibens & Claire Bataille).

Er werd een extra trap naar de kelder geplaatst. Er was al een bestaande trap naar niveau 1 met een vlak in gietvloer en een optrede in geschuurd aluminium.
Kantoor met akoestische dubbele glazen wanden. Tafel en stoelen H2O van Bulo (ontwerp Paul ibens & Claire Bataille).

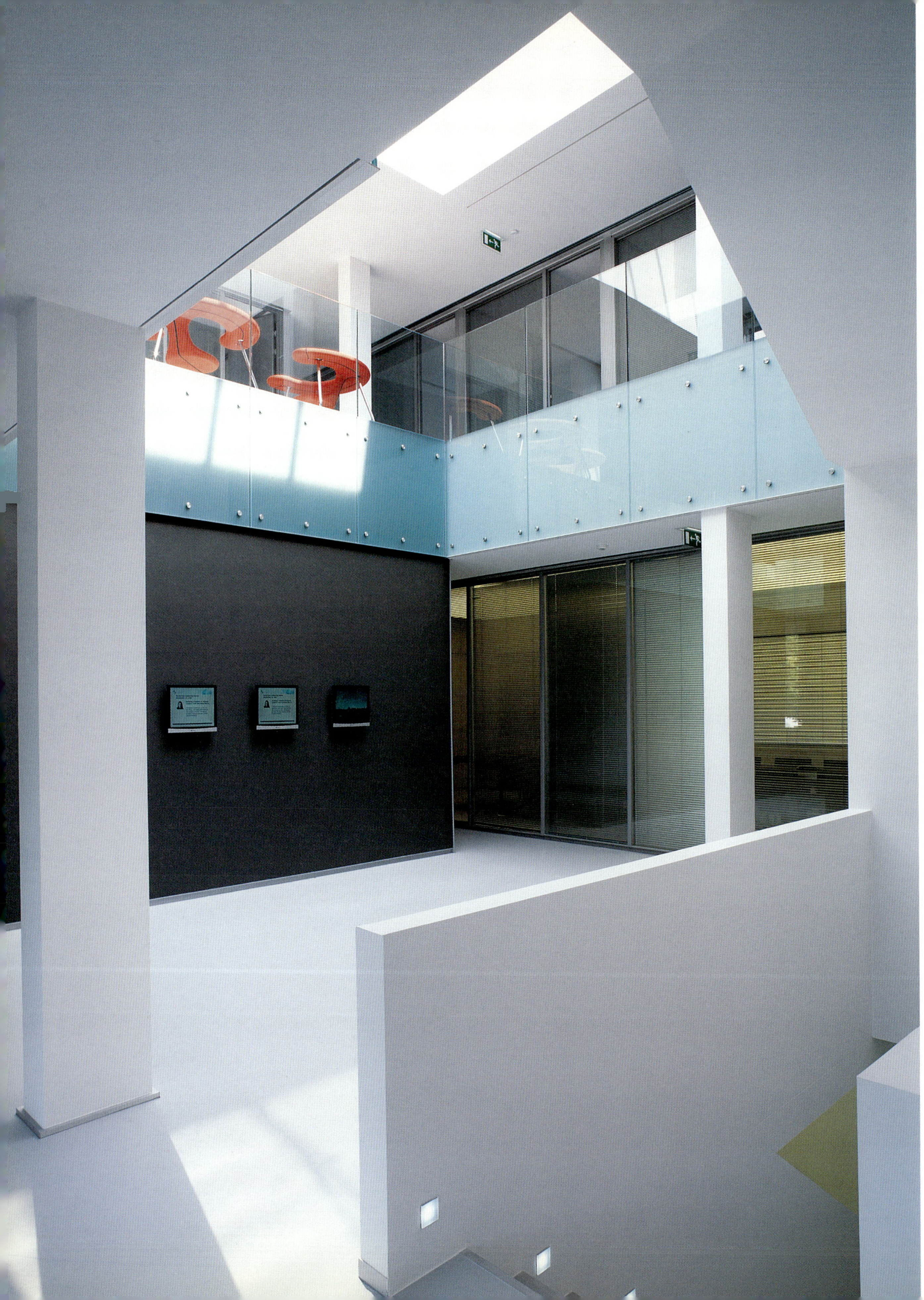

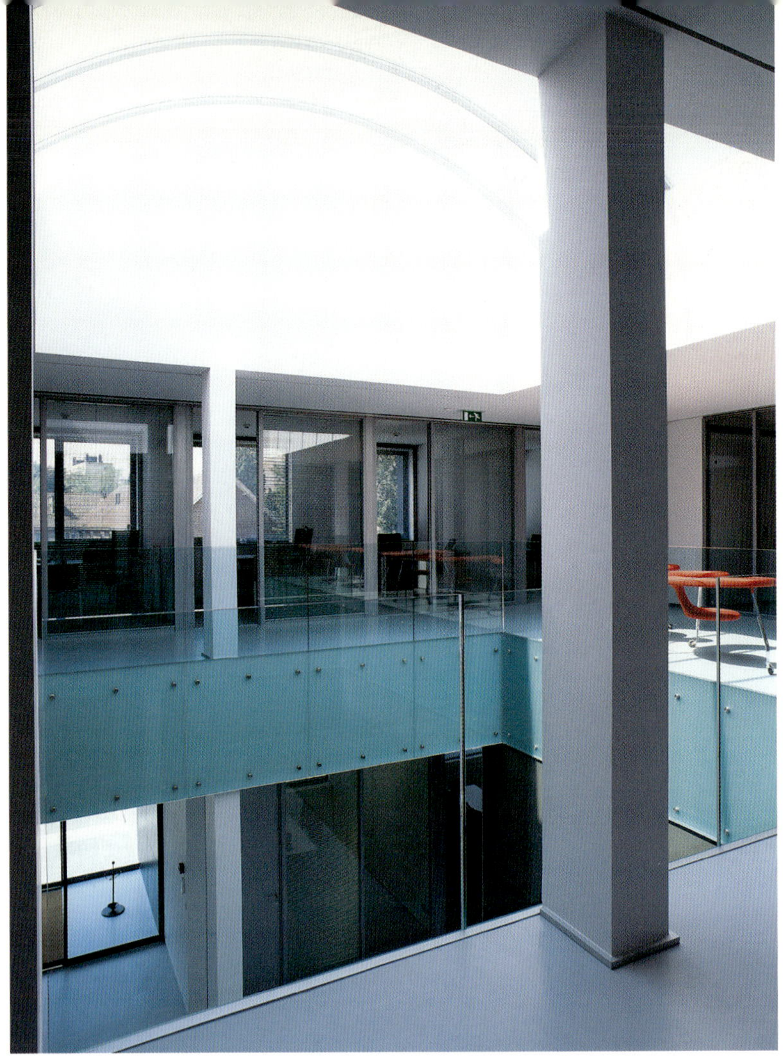

The entrance hall. In the centre are LCD screens with advertisements and (travel) information for clients from home and abroad.
The atrium, as seen from the first floor, with a skylight in clear Plexiglas.
Red 'Easy rider' chairs from Danny Venlet at Bulo.

L'entrée. Au centre, uniquement des écrans LCD avec informations routières pour les clients (étrangers) et publicité.
Vide sur le premier étage avec le dôme de lumière en plexi transparent.
Chaises rouges 'Easy rider' de Danny Venlet chez Bulo.

De Inkom. Centraal enkele LCD schermen met (reis)informatie voor (buitenlandse) klanten en publiciteit.
Vide op eerste verdieping met lichtkoepel in helder plexi.
Rode stoelen 'Easy rider' van Danny Venlet bij Bulo.

Conference room with H2O table by Bulo (ibens & Bataille); chairs by Vitra.
Walls in suede (Chase Erwin); stretch ceiling with lighting. Grey blinds.

Grande salle de réunion avec table H2O de Bulo (ibens & Bataille) et chaises Vitra.
Revêtement mural en tissu suède (Chase Erwin), faux-plafond avec éclairage. Lamelles grises.

Grote vergaderruimte met H2O tafel van Bulo (ibens & Bataille), stoelen van Vitra.
Wandbekleding in suède stof (Chase Erwin), verlaagd spanplafond met verlichting. Grijze lamellen.

Canteen with H2O tables and chairs by Bulo (design: ibens & Bataille).
Gyproc walls and ceiling; epoxy floor.

Dans la cantine, des tables et chaises H2O de Bulo (création ibens & Bataille).
Murs et plafond en Gyproc, sol coulé en époxy.

Kantine met H2O tafels en stoelen van Bulo (ontwerp ibens & Bataille).
Wanden en plafond in gyproc, epoxy gietvloer.

GLENN SESTIG ARCHITECTS OFFICE

GLENN SESTIG   ARCHITECTS

"I longed for both the severity and the insanity of Latin America, for the elegant architecture that you find in Mexico, Brazil and Argentina. I want visitors, upon entering our studios, to feel uprooted."

The design studio of architect Glenn Sestig is ideally situated in the centre of Ghent, opposite a park where a number of important museums are based. Before Sestig's intervention, this extended parallelepiped was a petrol station on the ground floor of an apartment building. The elongation of this space has been carried out perfectly, with lines of sight projecting from the work stations, each with a view of the surrounding greenery.

« J'avais envie de la rigueur et de la folie latino-américaines, de ces architectures élégantes que l'on peut trouver au Mexique, au Brésil, en Argentine et, qu'en entrant dans nos bureaux, le visiteur soit dépaysé. »

Le studio de création de l'architecte Glenn Sestig est idéalement localisé au centre ville, faisant face à un parc qui abrite les musées de Gand. Ce long parallélépipède était avant son intervention … une station essence située au rez-de-chaussée d'un immeuble à appartements. Le déploiement en longueur est utilisé à merveille, créant une ligne de fuite au fil de la multiplication des postes de travail, tous jouissant d'une vue sur la végétation arborée.

"Ik verlangde naar de strengheid én de gekte van Latijns Amerika, naar de elegante architectuur die men vindt in Mexico, Brazilië en Argentinië. Ik wou dat de bezoeker bij het binnenkomen in onze bureau's ontheemd zou zijn".

De ontwerpstudio van architect Glenn Sestig is ideaal gesitueerd in het centrum van Gent, tegenover een park waar enkele belangrijke musea gevestigd zijn. Het lange parallellepipedum was voor zijn interventie … een tankstation gelegen op het gelijkvloers van een appartementsgebouw. De ontwikkeling in de lengte is hier perfect doorgevoerd, met een vluchtlijn aan het einde van de meerdere werkposten, elk met zicht op de groene vegetatie.

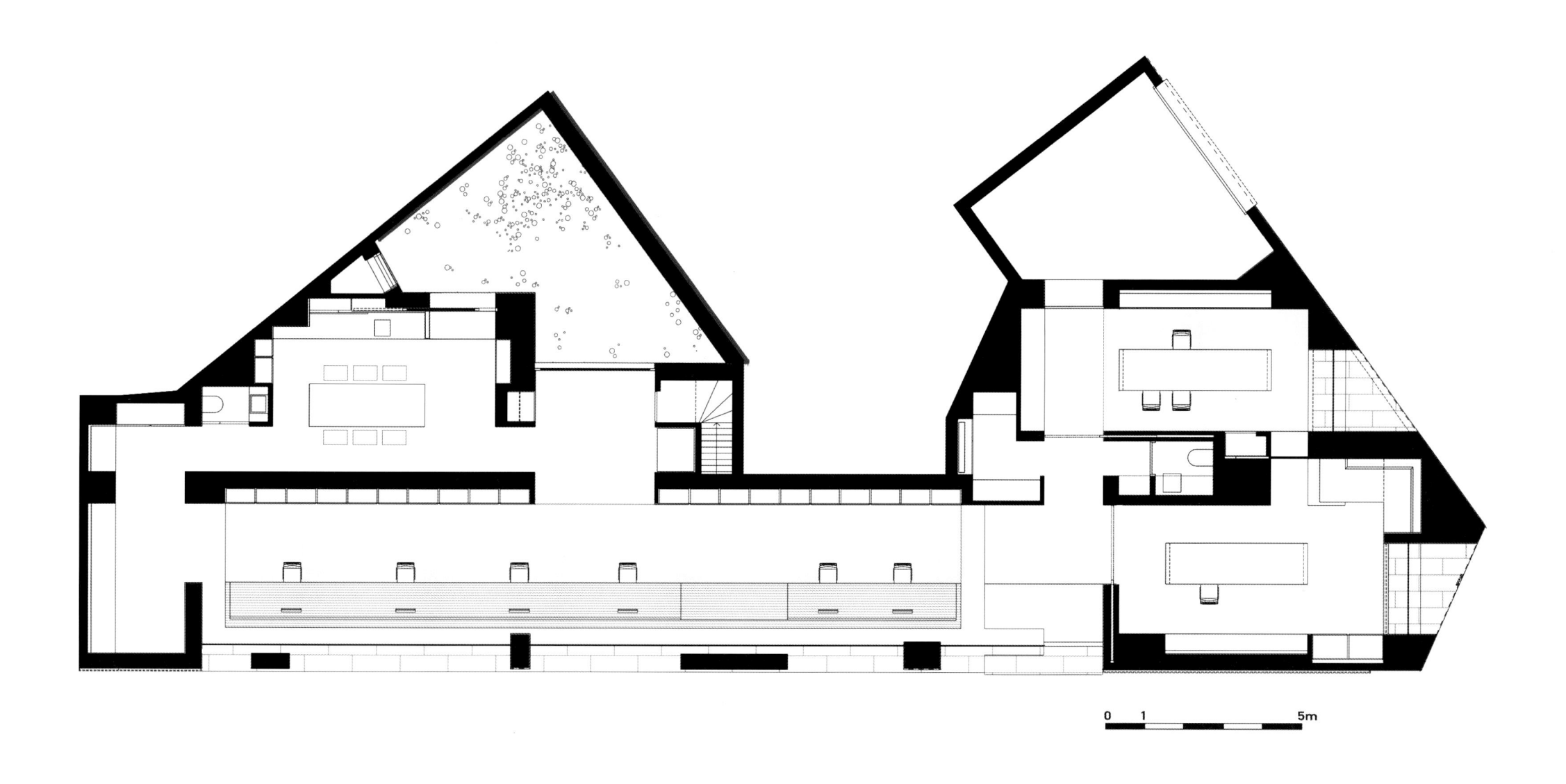

GLENN SESTIG ARCHITECTS OFFICE 141

A characteristic feature of Glenn Sestig's interior designs: floor-to-ceiling cupboards. They create a wall separating the work stations from the two more private rooms: the meeting room and (on the other side) the architect's office.

Caractéristiques des aménagements intérieurs de Glenn Sestig, les armoires occupent toute la hauteur sous plafond. Elles constituent ici la cloison séparant l'espace entre les postes de travail des collaborateurs et deux univers plus privatifs : la salle à manger - salle de réunion, et de l'autre côté, le bureau de l'architecte.

Kenmerkend voor de interieurinrichting van Glenn Sestig: wandhoge kasten tot aan het plafond. Ze vormen een muur die de ruimte van de werkposten scheidt van de twee meer privatieve vertrekken: de vergaderzaal en (aan de andere zijde) het bureau van de architect.

GLENN SESTIG ARCHITECTS OFFICE 143

Members of staff have a panoramic view of the park from behind the long worktable. With his characteristic passion for details, Glenn Sestig here creates a rhythm throughout the length of the space by introducing grooves at the point where the tall doors in lacquered MDF meet.
The only chair used here is the Eames Aluminum Group desk chair by Herman Miller.

La longue table de travail offre aux collaborateurs une vue panoramique sur le parc voisin. Avec le sens du détail qui le caractérise, Glenn Sestig rythme le déploiement en longueur par de petits décrochements situés à la jointure des hautes portes en MDF laqué. Le seul siège utilisé est la chaise « Eames Aluminium Group » (Herman Miller).

De medewerkers hebben een panoramisch zicht op het park vanachter de lange werktafel. Met zijn karakteristieke passie voor details ritmeert Glenn Sestig hier de ontwikkeling in de lengte door kleine inkepingen ter hoogte van de verbindingen tussen de hoge deuren in gelakte MDF.
De enige stoel die hier gebruikt wordt is de Eames Aluminum groep bureaustoel van Herman Miller.

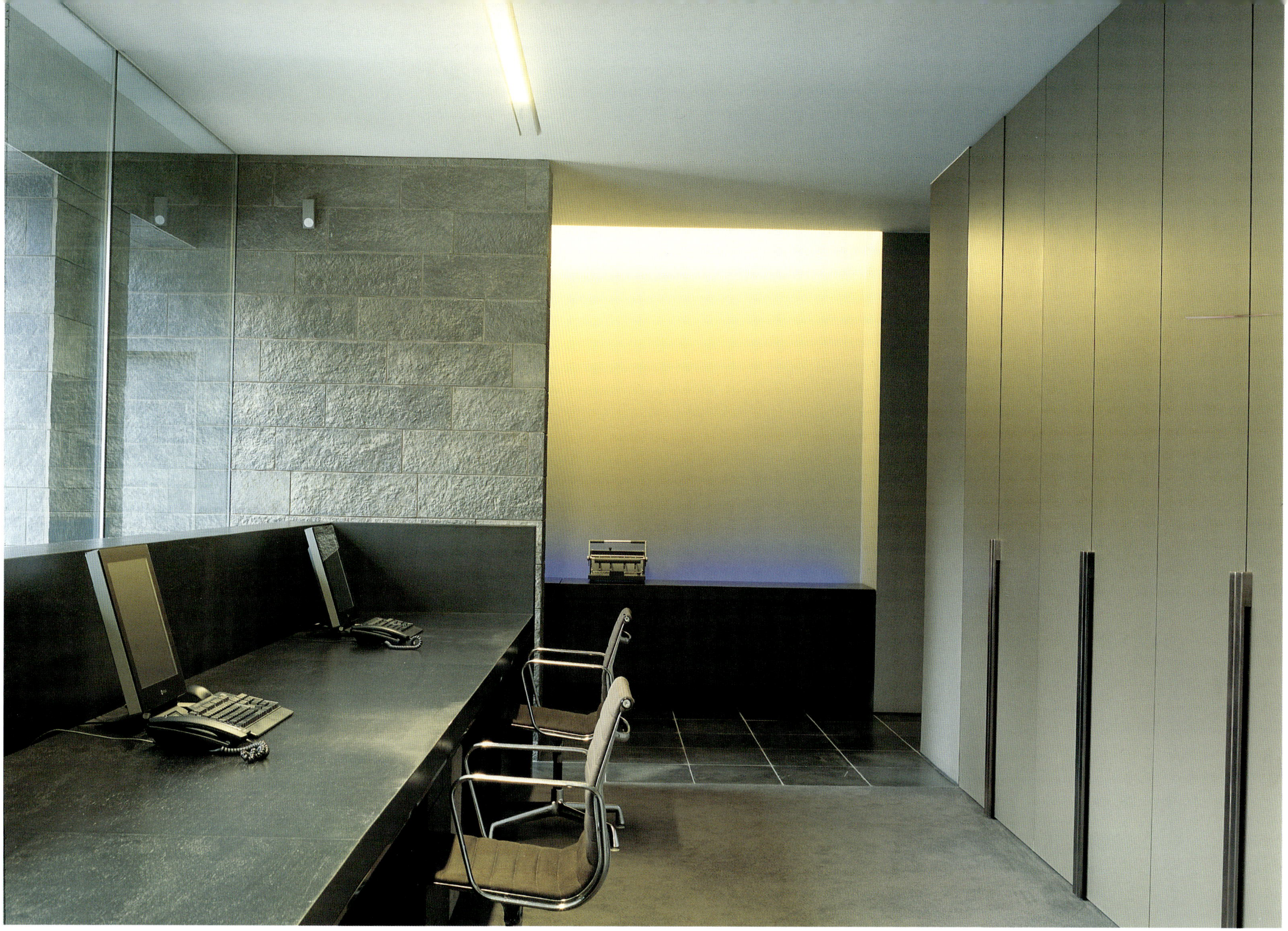

Two materials have been used on the floors: a monochrome grey carpet and polished concrete slabs. The office can be made open-plan or divided into smaller spaces (thanks to the sliding panels with chrome-plated metal handles) and is finished in very sombre shades, the effect of which is reinforced by the fluorescent light.

Deux matériaux de couverture de sol sont utilisés : la moquette grise unie et les dalles de béton poli. A la fois ouvert et isolé (par un jeu de portes coulissantes équipées de poignées en métal chromé), le bureau de l'architecte se distingue par des tons très sombres, rehaussés de lignes de lumière fluorescentes colorées.

Als vloerbekleding werden twee materialen gebruikt: een monochroom grijs tapijt en gepolijste betontegels. Het kantoor is zowel open als gesloten (dankzij het geheel van schuifdeuren met handgrepen in verchroomd metaal) en het hult zich in zeer sombere tinten, versterkt door het fluorescerende licht.

GLENN SESTIG ARCHITECTS OFFICE   147

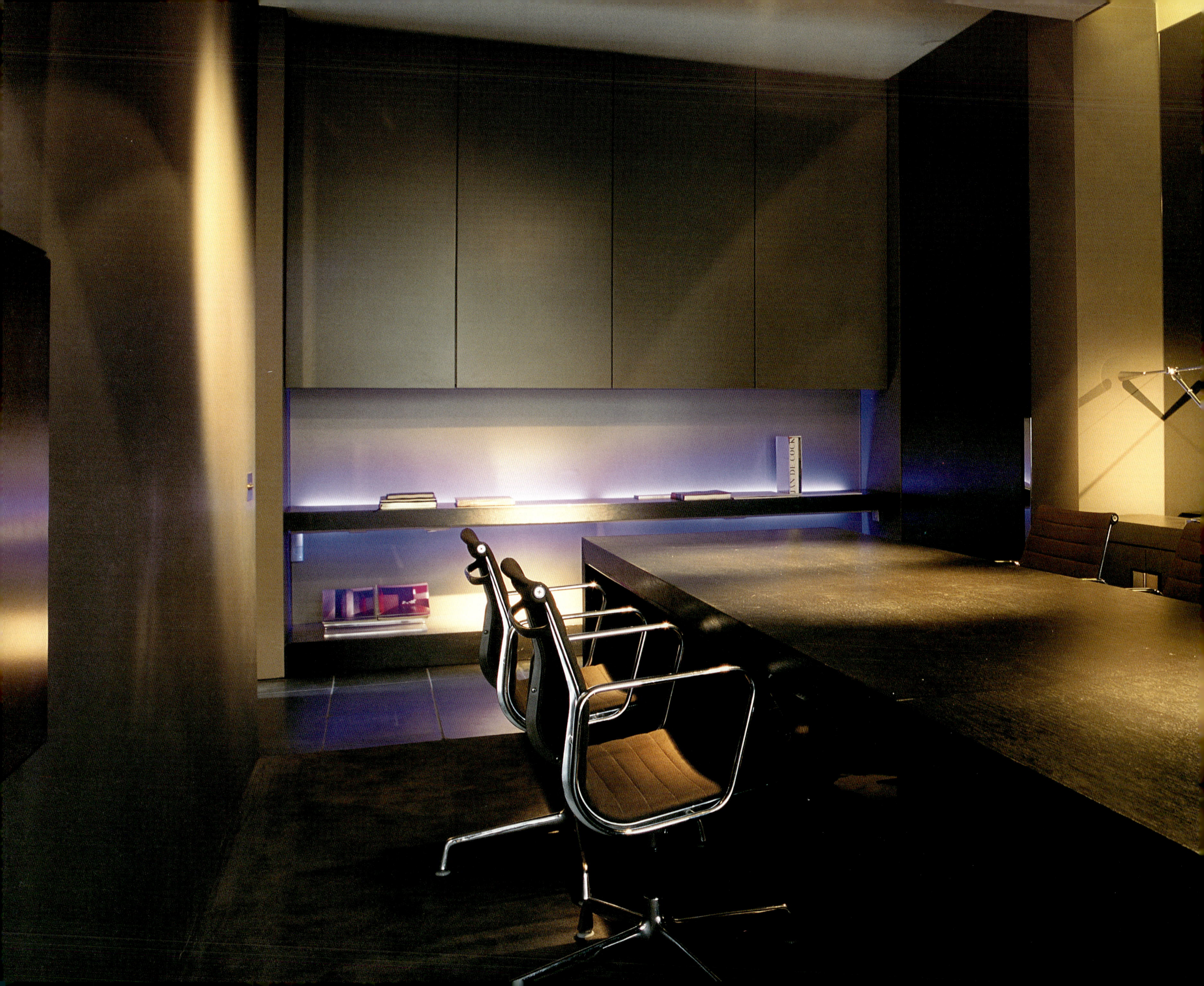
JAN DE COCK

The architect loves large work surfaces that can serve as a desk or a conference table.
His office is more like a private workspace, with a number of pieces that have been selected solely for their aesthetic value.

L'architecte aime les grands plans de travail, à la fois bureau et table de réunion.
Son bureau ressemble davantage à un lieu de travail privé, émaillé de quelques objets sélectionnés pour leur esthétique propre.

De architect houdt van grote werkbladen die dienst doen als bureau en als vergadertafel.
Zijn bureau lijkt meer op een privé-werkplek, met enkele objecten die puur om hun esthetische waarde werden gekozen.

GLENN SESTIG ARCHITECTS OFFICE

V&D OFFICE

GLENN SESTIG ARCHITECTS

The Vandekerckhove & Devos office for global communication selected an old manor house in the middle of a park as the base for the company's administrative office and design studio.

With his thorough (and necessary) renovation of the building, architect Glenn Sestig has succeeded in restoring the house to its former glory, but with a contemporary interpretation.

The high ceilings in the reception area have been accentuated with panels that go from floor to ceiling.

A shade of gold has been used in the meeting room as a reference to the gilded pavilions of prestigious castles.

Pour installer ses bureaux administratifs et son studio de création, l'agence de communication globale Vandekerckhove & Devos a choisi une ancienne gentilhommière située au milieu d'un parc.

En entreprenant une lourde (et nécessaire) rénovation du bâtiment, Glenn Sestig a décidé de lui rendre son lustre d'antan, dans une version contemporaine.

Les hauteurs sous plafond de l'étage d'accueil sont ainsi confirmées en recourant à des panneaux qui se développent du sol au plafond.

Anecdotique, la teinte or est utilisée dans une salle de réunion, évoquant les pavillons dorés de châteaux prestigieux.

Het bureau voor globale communicatie Vandekerckhove & Devos koos een oude gentilhommière temidden van een park voor de vestiging van haar administratieve kantoor en de ontwerpstudio.

Dankzij een ingrijpende (en noodzakelijke) renovatie van het gebouw slaagde architect Glenn Sestig erin het gebouw in haar luister van weleer te herstellen, maar dan in een hedendaagse interpretatie.

De hoogten onder het plafond op het niveau van de receptie worden geaccentueerd door panelen van vloer tot plafond.

Een goudtint wordt op anecdotische wijze gebruikt in de vergaderzaal: een evocatie van de vergulde paviljoenen in prestigieuze kastelen.

V&D OFFICE 155

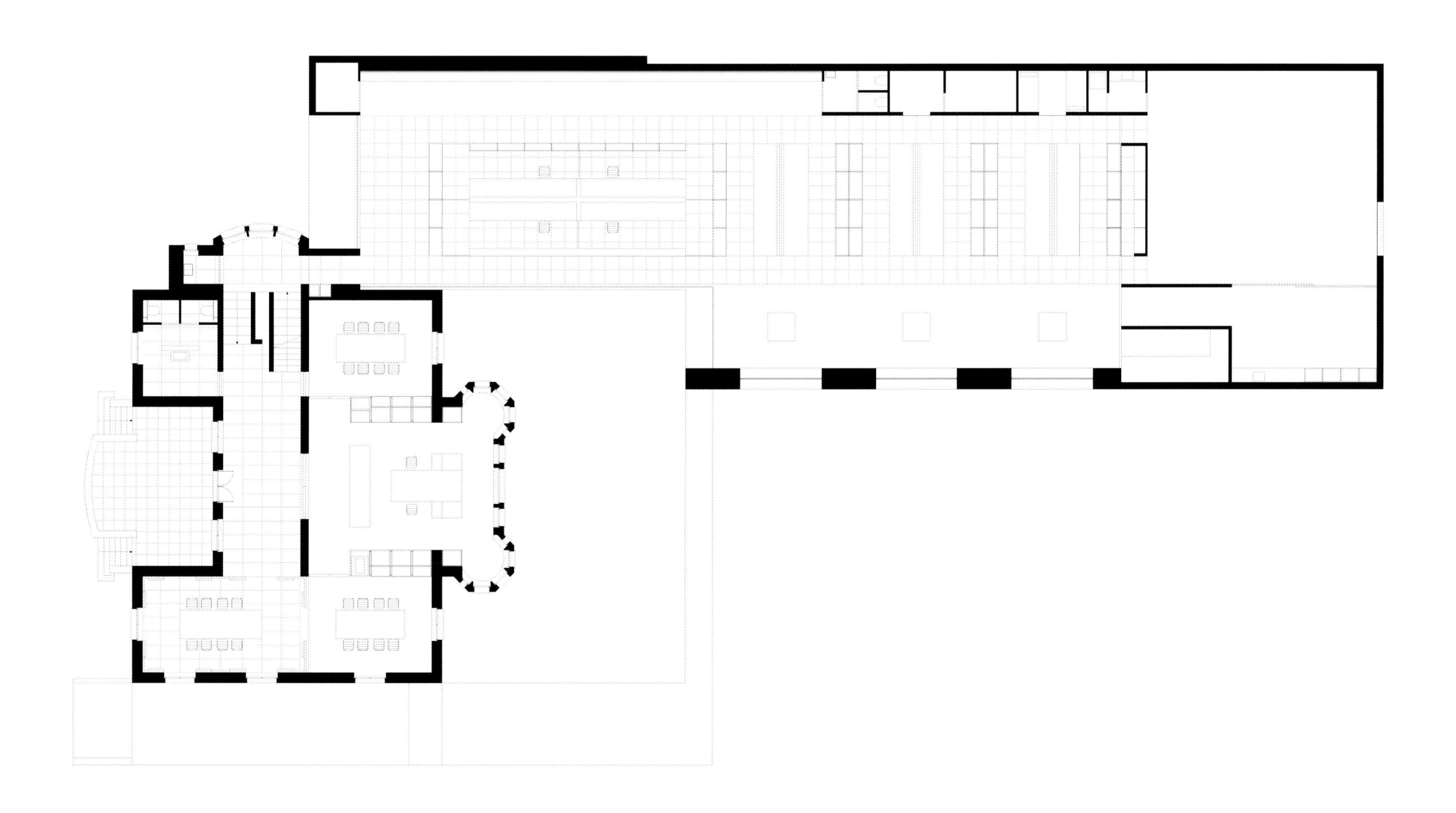

With the exception of the golden colour in the meeting room, the ground floor is characterised by large surfaces painted in neutral shades, mainly black and grey.

Outre la couleur dorée de la salle de réunion, le rez-de-chaussée est caractérisé par de grands à plats de couleurs neutres : le noir et le gris essentiellement.

Met uitzondering van de goudkleur in de vergaderzaal, wordt de gelijkvloerse verdieping gekenmerkt door grote vlakken in neutrale kleuren: vooral zwart en grijs.

V&D OFFICE 157

The main staircase is the only authentic element that was retained after the transformation. Everything around it is designed with the aim of eliminating any architectural frivolities.
The design is precise and strict, with just a few sections of colour amongst the grey.

Seul élément conservé au cours de cette lourde restructuration, l'escalier principal témoigne du passé. Tout ce qui l'entoure est dessiné avec une volonté d'éliminer toute anecdote architecturale. Le trait est précis et strict, relevé par des à-plats de couleur dans un camaïeu de gris.

De hoofdtrap is het enige authentieke element dat na de zware transformatie werd behouden. Alles daarrond is getekend met de wil om alle mogelijke architecturale anecdotiek te elimineren.
De vormgeving is precies en strikt, met enkele kleurvlakken in een grijs geheel.

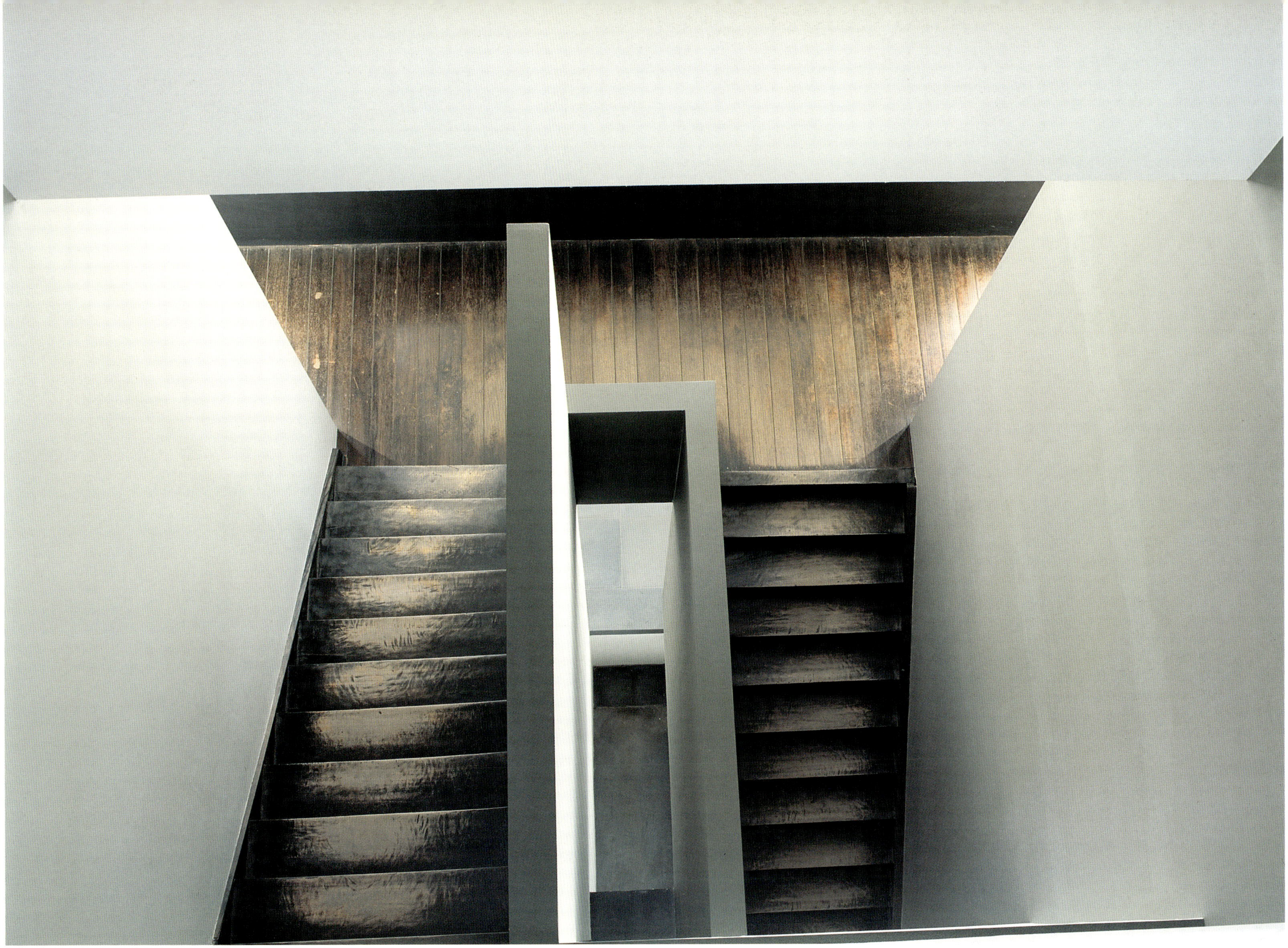

This massive concrete unit is situated in the company library, where all documentation can be consulted. In the background is a conference room. On the first floor, as on the ground floor, the tall doors accentuate the stylish atmosphere of this building.

Elément monumental, ce grand bar en béton est situé dans la bibliothèque commune. Il est destiné à la consultation de la documentation, qui doit avoir lieu sur place. En toile de fond, une salle de réunion. Au premier étage comme au rez-de-chaussée, les hautes portes soulignent la classe de cet édifice.

De monumentale betonnen bar is gelegen in de gemeenschappelijke bibliotheek waar alle documentatie ter plaatse wordt geconsulteerd. Op de achtergrond een vergaderzaal. Op de eerste verdieping – net zoals op het gelijkvloers – accentueren de hoge deuren de klassevolle uitstraling van dit pand.

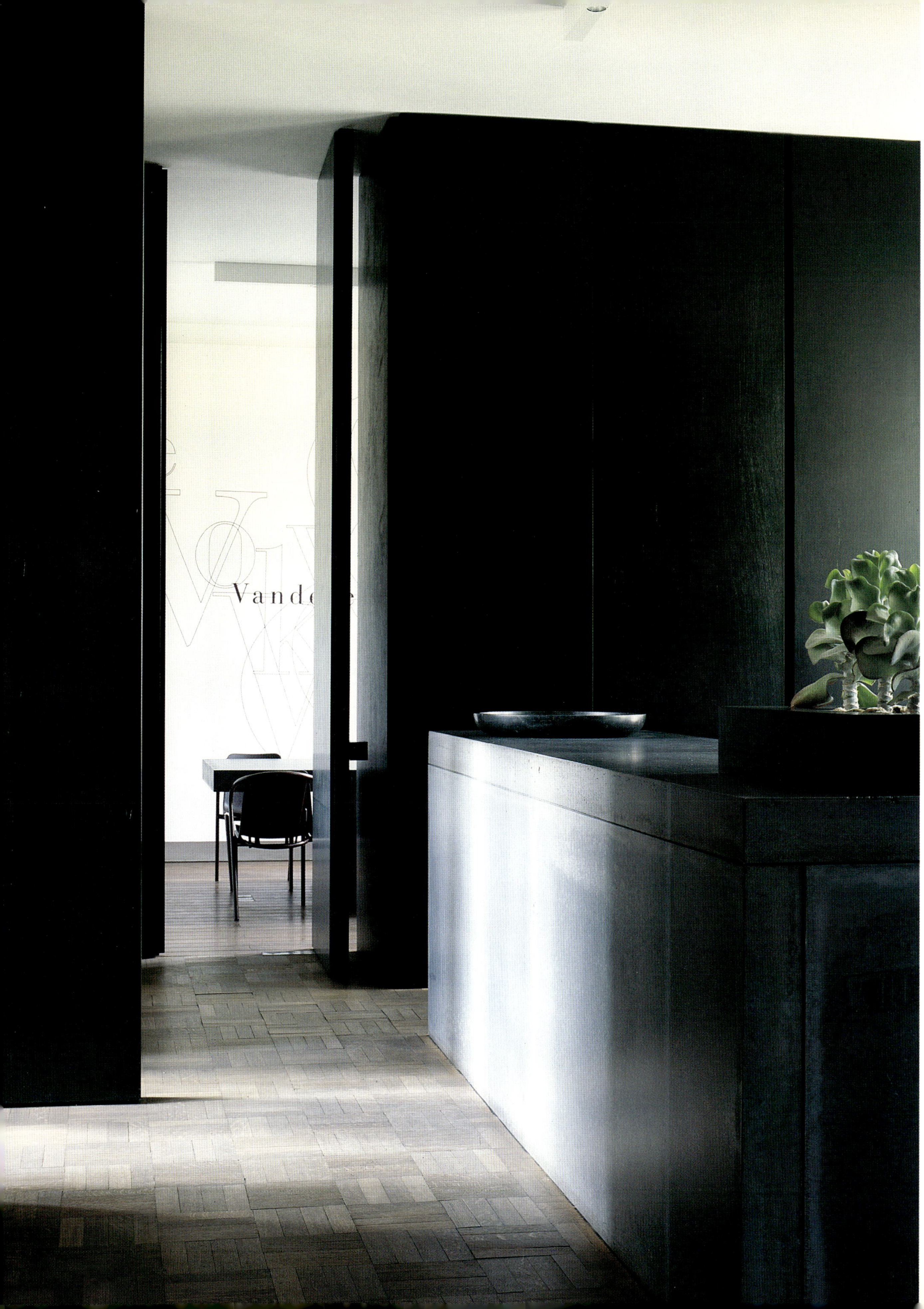

Vandekerckhove & Devos's administrative department is housed in the former maids' quarters. In order to reduce the visual effect of the lower ceilings on this second floor, Glenn Sestig decided to install a very long, low piece of furniture. The optical effect is assured.

Autrefois réservé aux chambres de bonne, le deuxième étage abrite les services administratifs. Pour diminuer l'effet visuel – voire l'inconfort – d'une faible hauteur sous plafond, Glenn Sestig a décidé d'installer ce très long meuble bas. L'effet d'optique est garanti.

Waar vroeger de dienstmeisjes gehuisvest waren, zijn nu de administratieve diensten van Vandekerckhove & Devos ondergebracht. Om het visuele effect van de lagere plafonds op deze tweede verdieping af te zwakken, besloot Glenn Sestig om een zeer lang, laag meubel te plaatsen. Het optische effect is gegarandeerd.

V&D OFFICE 163

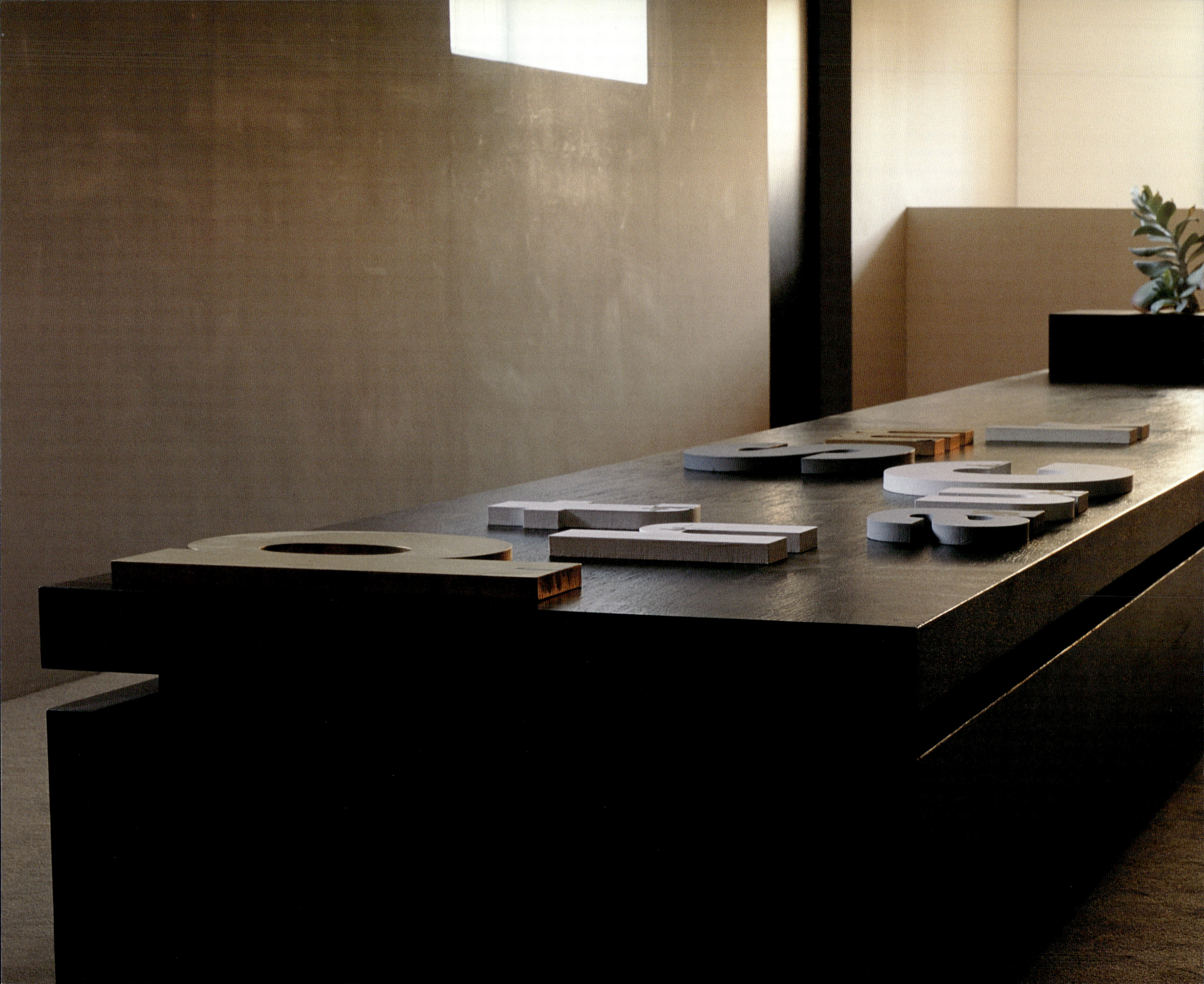

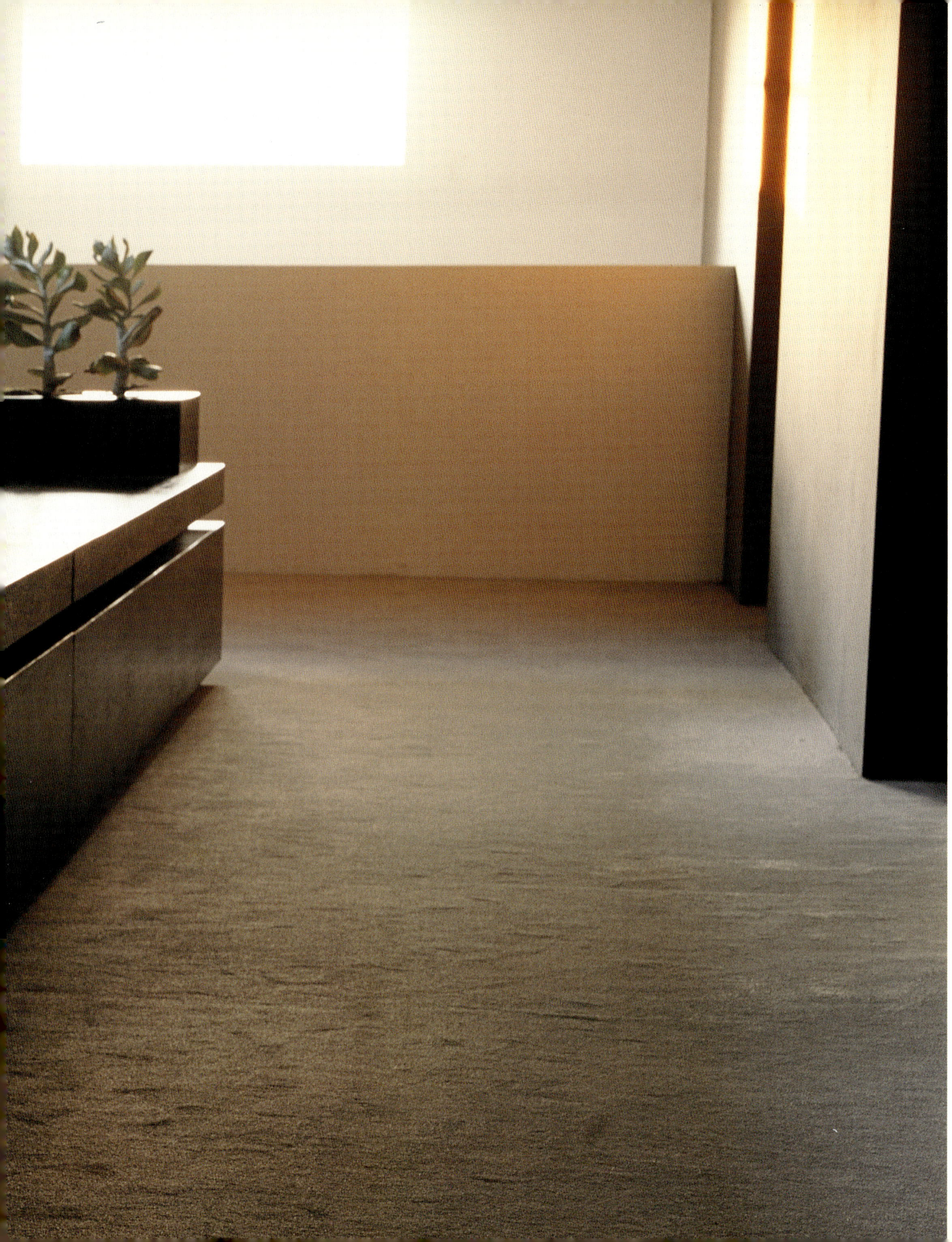

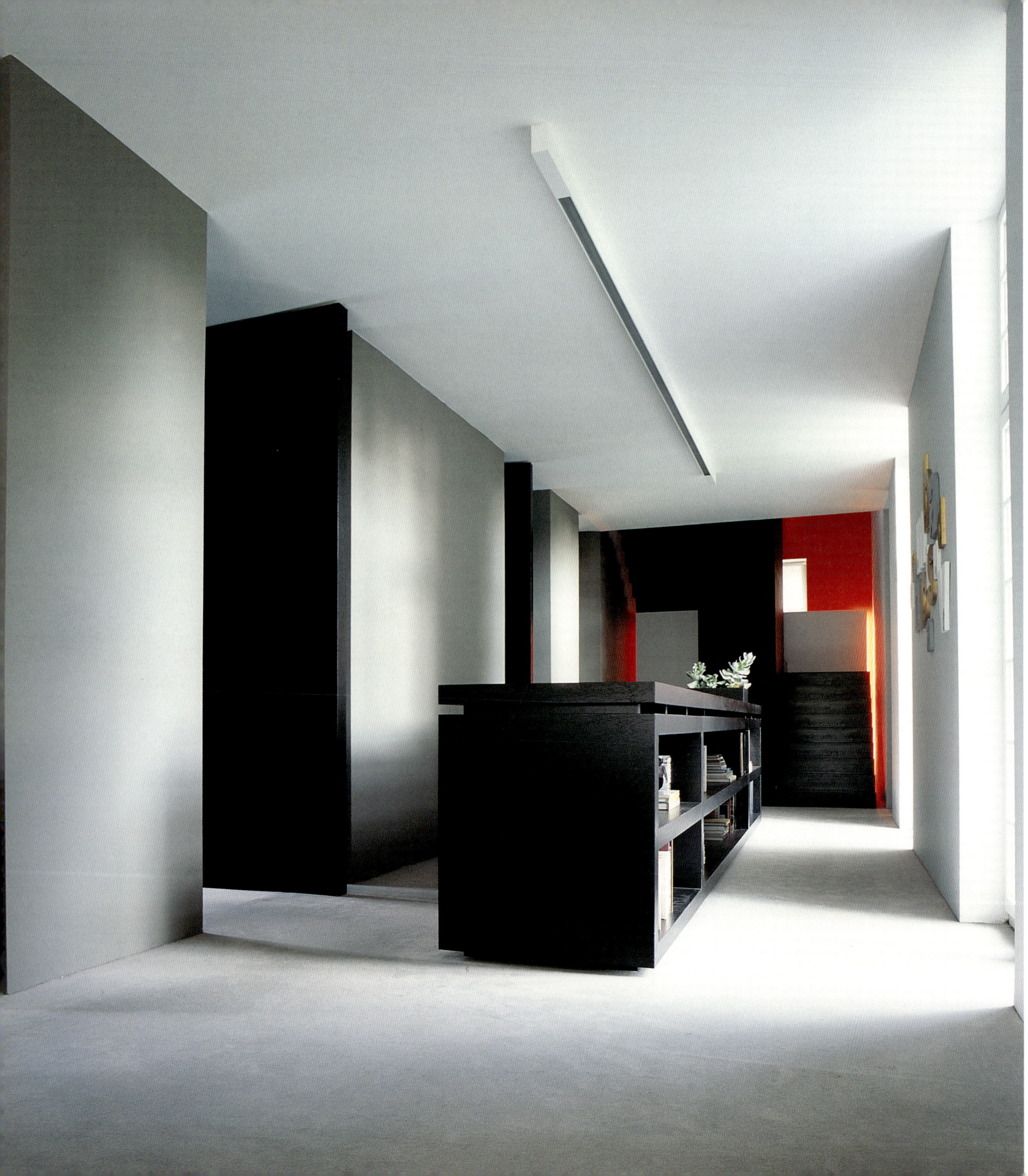

Once again, the length of an elongated space has been fully utilised here by installing a long storage unit. The strict, almost cubist organisation of the workspaces and the neutral colours are brightened up by the large area of red, the colour of creative energy, illuminated by fluorescent light.

A nouveau, la longueur d'un hall couloir est exploitée, pour y loger un long meuble de rangement. L'organisation stricte, presque cubique, des espaces de travail et les couleurs neutres sont diverties par un grand à-plat rouge, couleur de l'énergie créative, relevée par des lumières fluorescentes.

Opnieuw wordt hier de lengte van een lange hal ten volle benut om er een lang opbergmeubel te plaatsen. De strakke, bijna kubistische organisatie van de werkruimten en de neutrale kleuren worden opgevrolijkt door een groot rood vlak, kleur van de creatieve energie, opgewekt door het fluorescerende licht.

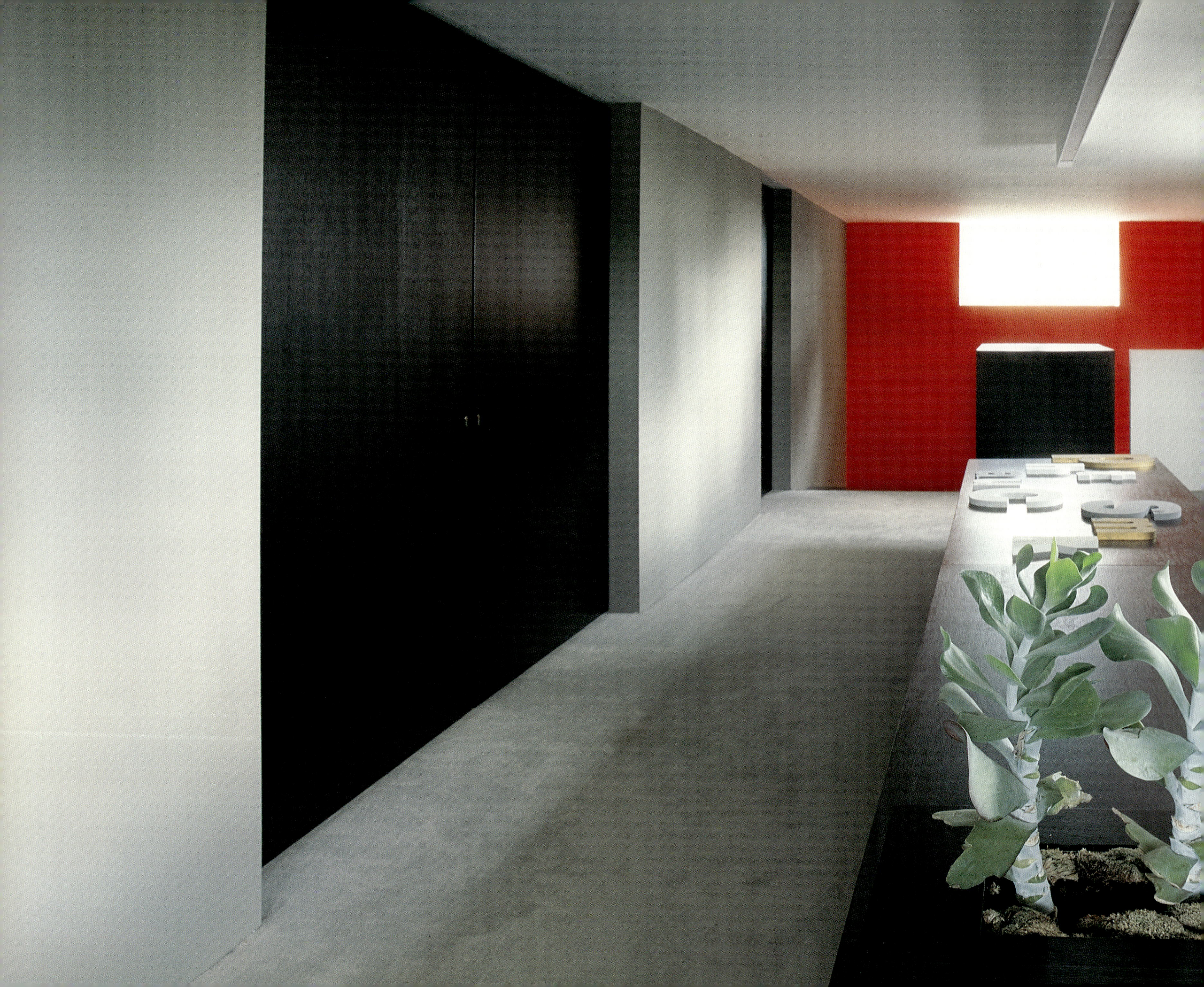

V&D OFFICE 169

The cellars of this prestigious old building have been redesigned as a relaxation space. In this room, the architect plays with the contrasts between the walls, the arched roof (which has been given a stone treatment to accentuate its rough character) and the solid concrete bar.

Les caves de cette ancienne demeure de prestige ont été aménagées en lieu de détente. L'architecte joue ici le contraste entre ces murs et voûtes en pierre traités de manière à accentuer le caractère brut et le bloc massif du bar en béton.

De kelders van dit oude prestigieuze pand werden ingericht tot ontspanningsruimte. De architect speelt hier met contrasten tussen de muren en gewelven (in steen behandeld om het brute karakter te accentueren) en het massieve barmeubel in beton.

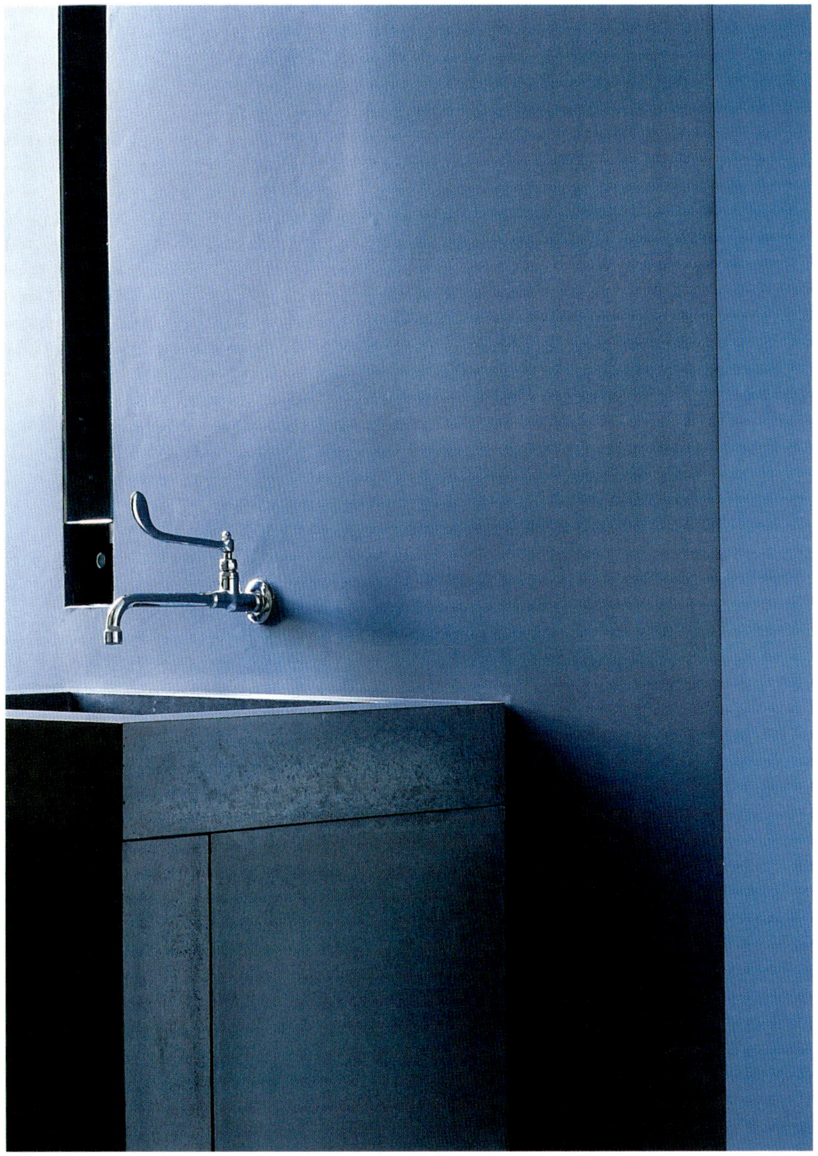

FORTIS PRIVATE BANKING

GLENN SESTIG ARCHITECTS

How can a business bank build up a different customer base? How can the privileged position of such clients best be reflected in the design of the bank?

In close collaboration, Glenn Sestig and Fortis Private Banking decided to erase any possible reminders of the traditional bank counter and office. Clients are received and meetings are held in a sitting room instead.

Everything here, starting with the selection of exclusive furnishings (Promemoria, Donghia, Ecart), reveals a passion for detail and for comfort: qualities that are also essential for the business banker when dealing with clients.

This concept is modular in design: the sitting rooms can be integrated into an existing office platform or into residential buildings.

Comment offrir une autre relation au client d'une banque d'affaires ? Comment matérialiser le rapport privilégié qui s'impose dans ce type de transactions ?

De commun accord, Glenn Sestig et Fortis Private Banking ont décidé de gommer tout ce qui pouvait faire référence à un guichet, voire un bureau. L'accueil et la discussion se passent ici au salon.

Tout, à commencer par le choix des mobiliers et objets d'éditeurs exclusifs (Promemoria, Donghia, Ecart), indique un souci du détail, du confort, les mêmes qualités que la banque souhaite installer avec ses clients.

Conçus comme un module susceptible d'être dupliqué, ces salons sont, par nature, ubiquistes pouvant être implantés sur des plateaux de bureau ou dans des maisons bourgeoises.

Hoe kan men als zakenbank een andere klantenrelatie opbouwen? Hoe materialiseert men het bevoorrechte karakter van dergelijke contacten?

In nauwe samenspraak besloten Glenn Sestig en Fortis Private Banking om alle mogelijke reminiscenties aan het klassieke loket en bureau uit te gommen. Het onthaal en de gesprekken vinden in een salon plaats.

Alles hier, te beginnen met de keuze van het exclusieve meubilair (Promemoria, Donghia, Ecart), toont een passie voor details en comfort: kwaliteiten die ook voor de zakenbankier van het grootste belang zijn bij het contact met de klant.

Dit concept is modulair opgevat: de salons kunnen worden geïntegreerd in een bestaand kantoorplatform of in burgerwoningen.

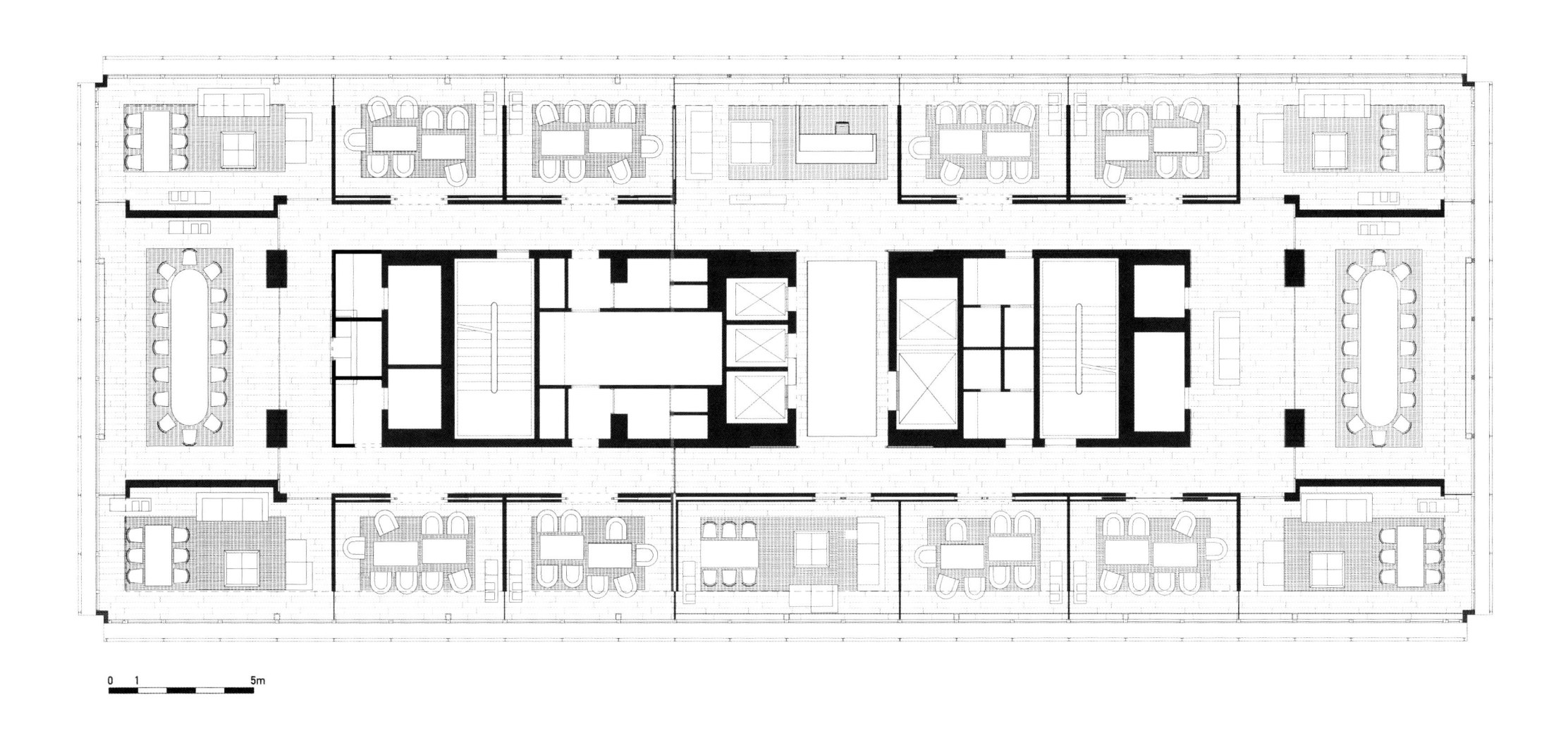

FORTIS PRIVATE BANKING 177

The furniture used throughout all of the rooms helps to create the atmosphere: a bronze console by Promemoria, a desk lamp in nickel-plated brass by Félix Aublet, issued by Ecart, or a Lucenera standard lamp (Castellani & Smith).
For this surface in an office building, Glenn Sestig chose a contrast with rustic connotations: slate that has been given the finish of rough quarry stone.

L'atmosphère de chaque lieu est aussi définie par des éléments de mobiliers en commun, en ce compris la console en bronze Promemoria, la lampe de bureau en laiton nickelé de Félix Aublet, réédition d'Ecart ou la lampe sur pied Lucenera (Castellani & Smith).
Pour ce plateau situé dans un immeuble de bureaux, Glenn Sestig a souhaité apporter en contraste une connotation brute, celle d'un schiste travaillé comme une croûte sortie de sa carrière.

De sfeer in elke ruimte wordt ook bepaald door de gemeenschappelijke meubelen : een bronzen console van Promemoria, een bureaulamp in vernikkelde messing van Félix Aublet, heruitgegeven door Ecart, of een staanlamp Lucenera (Castellani & Smith).
Voor dit plateau in een kantoorgebouw verkoos Glenn Sestig een contrasterende, brute connotatie : een leisteen die bewerkt werd als een ruwe brok natuursteen uit de steengroeve.

FORTIS PRIVATE BANKING 179

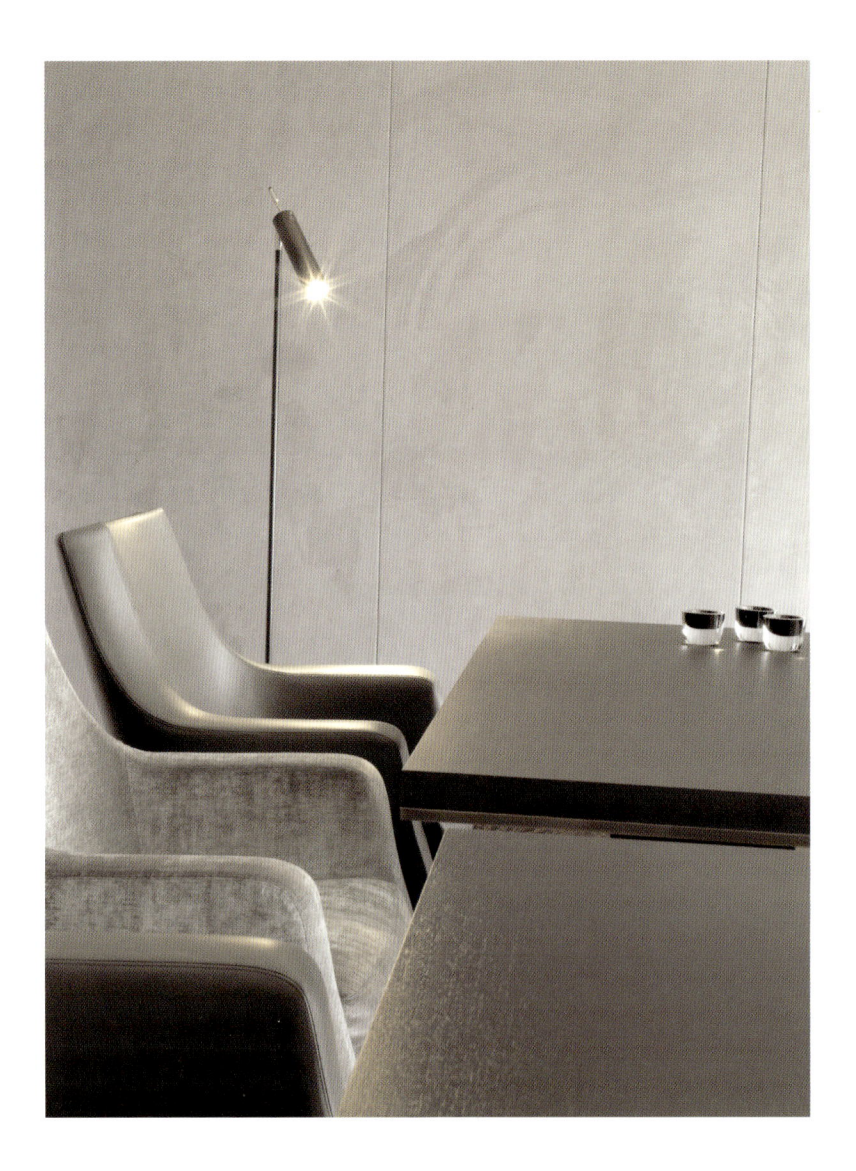

All of the meeting rooms – designed as sitting rooms, rather than as offices – have the same armchairs by Promemoria, half covered in leather (specially tinted in the bank's colours), half in a silk-like velour fabric. The grey colour is repeated in the suede finish of the walls. The table, which has a central leg, is a design by Glenn Sestig.

Conçues comme des salons et non comme des bureaux, toutes les salles de réunion ont en commun les fauteuils Promemoria, habillés pour moitié de cuir (spécialement teinté aux couleurs de la banque) et pour moitié de velours soyeux. Au mur, le gris est rappelé par un garnissage en daim. La table avec piètement central a été dessinée par Glenn Sestig.

Alle vergaderzalen – ontworpen als salons en niet als bureaus – hebben als gemeenschappelijk meubilair de fauteuils van Promemoria, de helft bekleed met leder (speciaal getint in de kleuren van de bank), de helft met een zijde-achtige velours. Aan de muur wordt de grijze kleur herhaald in de suède bekleding. De tafel met centrale voet is een ontwerp van Glenn Sestig.

FORTIS PRIVATE BANKING 181

The largest meeting room was designed as a dining room. A long
Emmemobili dining table with traditional cane chairs (Promemoria). The
large windows provide a panoramic view over the city.

Dans la plus grande salle de réunion, conçue comme une salle à manger, la
longue table Emmemobili est entourée de chaises avec cannage
traditionnel (Promemoria). On a ici privilégié la vue panoramique et aérienne
sur la ville, au travers de la grande baie vitrée.

De grootste vergaderzaal is geconcipieerd als een eetkamer. Een lange
tafel Emmemobili met daarrond traditionele cannage (Promemoria).
Panoramisch zicht op de stad door de grote vensters.

FORTIS PRIVATE BANKING 183

Some of the sitting rooms are furnished with a Promemoria coffee table and very comfortable sofas by Donghia. Also in the same room is a table with Promemoria chairs.

Certains salons sont meublés avec une table basse Promemoria, entourée des très confortables canapés Donghia. La même pièce compte aussi une table entourée de chaises Promemoria.

Sommige salons zijn gemeubeld met een salontafel Promemoria en zeer comfortabele canapés van Donghia. In dezelfde ruimte ook een tafel met Promemoria stoelen.

FORTIS PRIVATE BANKING 185

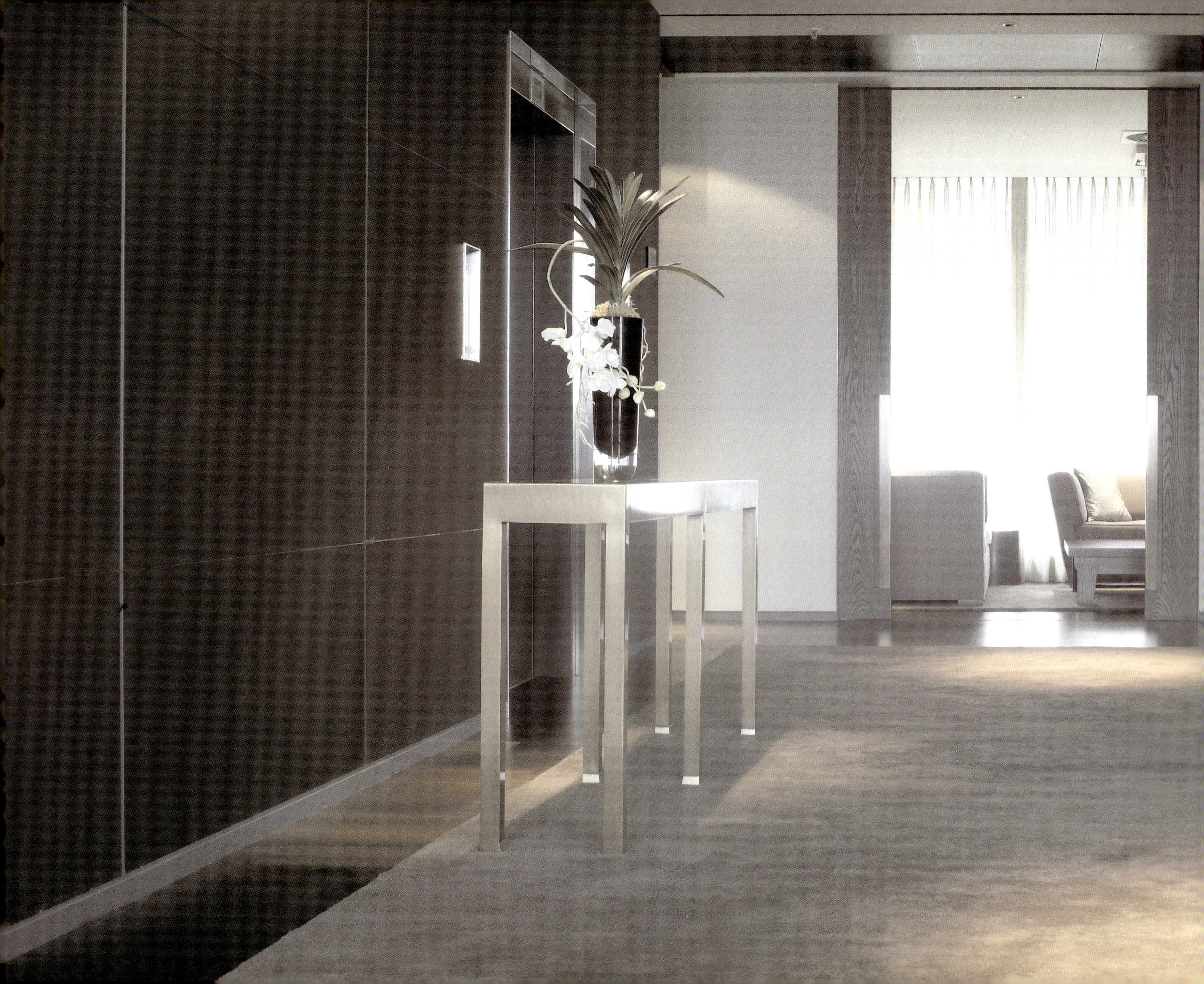

When you enter the building, you feel as though you are approaching the reception of a luxury hotel. This haute couture character is further reinforced by the lift lobby, with its walls in sandblasted glass. The reception desk is also in glass, here with a metallic lacquer finish.

Dès l'arrivée, on pourrait se sentir à l'accueil d'un hôtel de luxe, le caractère haute couture étant souligné par ce hall d'ascenseurs dont les parois sont habillés de verre sablé. C'est également de verre, laqué en teinte métallique cette fois, qu'est composé le comptoir d'accueil.

Van bij het binnenkomen voelt men zich als aan de receptie van een luxehotel. Het « haute couture » karakter wordt nog versterkt door de liftenhal waarvan de wanden met gezandstraald glas bekleed zijn. Ook de receptiedesk is in glas uitgevoerd, hier gelakt in een metaaltint.

FORTIS PRIVATE BANKING

The client's first requirement was that the design and furnishing could be used anywhere, as, for example, in this grand residence in Brussels. Glenn Sestig has retained one of the most attractive elements of the property: the impressive staircase and wrought-iron handrail.

Exigence première du client, l'aménagement devait être ubiquiste et s'adapter aussi à l'intérieur de cette maison de maître bruxelloise. Glenn Sestig a voulu conserver un des charmes de celle-ci, à savoir l'imposante cage d'escalier et sa rambarde exécutée en fer forgé.

De eerste eis van de klant bestond erin om de inrichting universeel toepasbaar te maken, dus ook voor deze Brusselse herenwoning. Glenn Sestig behield één van de meest aantrekkelijke elementen van dit gebouw : de imposante trappenhal en haar smeedijzeren leuning.

FORTIS PRIVATE BANKING 189

190 FORTIS PRIVATE BANKING

The haute couture feeling extends into the wet rooms, as shown by this marble washstand designed by Glenn Sestig.
Mem taps by Dornbracht.

Le caractère haute couture s'inscrit jusque dans la facture des sanitaires, dont cet évier dessiné par Glenn Sestig et réalisé dans une pierre marbrière.
Il est équipé de la robinetterie Mem (Dornbracht).

Het « haute couture » karakter wordt doorgetrokken tot in de natte ruimtes, zoals deze wastafel getekend door Glenn Sestig en uitgevoerd in een marmersteen.
Kraanwerk Mem van Dornbracht.

The walls in this grand residence have also been finished in suede, here incorporated into the existing wall mouldings. The radiator box in lacquered MDF was also specially designed for this project.

Dans la maison de maître, les murs sont pareillement revêtus de daim, que l'architecte a toutefois limité aux encadrements existants. Le cache radiateur exécuté en MDF laqué a également été dessiné sur mesure.

In de herenwoning werden ook de muren met suède bekleed, hier beperkt tot de bestaande omkaderingen. De radiatorkast in gelakte MDF werd eveneens op maat gemaakt.

FORTIS PRIVATE BANKING 193

BIOGRAPHIES

Cy Peys / Interior Architects (p. 8-21, 22-35, 68-83)

Cy Peys / Interior Architects aspire to an inclusive and exhaustive dialogue with space.
This architectural studio designs and coordinates private residences, boutiques and office environments.
Approaching space not only along conceptual lines but also as a tangible reality, the Cy Peys team goes beyond short-lived impressions to achieve both candidness and serenity. They rely on insight as well as intuition and take up the challenge of finding the true form for every interior.
Attention to detail is therefore fundamental. The excellence of the execution is never merely decorative, but always contributes to the essence of the totality.
Elaboration of detail and respect for the individuality of materials result in a total atmosphere that cannot be reduced to the sum of its parts.
Cy Peys / Interior Architects strive to create an atmospheric effect that is tactile and radiates a sense of luxury. Interiors should never come across as cold, but give a warm and lively response to their users.
Playing with light and shadow, the sensual richness of materials, the rhythm of surfaces and perspectives, their interiors breathe space.
Definitely a minimalist approach, but with an end result that can never be called minimalism. Each part, however small, is an indispensable element of the whole.
www.cypeys.com

'Aksent (p. 36-51)

't Aksent is a design studio and specialist interior store founded in 1995 by interior architects Stefan Paeleman and Katrien De Coninck.
Their team aims for contemporary, quality design.
Simplicity and calm are of prime importance in the creation of a warm and congenial environment for living and working, as is the choice of hardwearing, high-quality materials and exclusive furniture built to satisfy the client's requirements.
The company's showroom in the historic centre of Ghent, where advice is provided by interior architect Yves De Moor, features a fine selection from the world of modern design: Promemoria, Flexform, Ecart and other respected brands.
www.taksent.be

Instore (p. 84-95, 96-107)

Instore was created in 1980 by Didier Bindels and Pierre Hoet. From the very first beginning, the company has specialized in the trade of modern design furniture.
In the 1500 m^2 showroom in the heart of Brussels Instore offers the best in (mostly Italian) design labels such as B&B Italia, Cassina, Flexform, Poliform, Promemoria, Alias, Casamilano, MDF Italia, Zanotta, Knoll, Vitra, ...
Instore offers complete project management. The Instore team takes care of the design and implementation of all kinds of projects for houses, apartments, restaurants, hotels and offices in Belgium and abroad.
Their mission consists of a pre-project study, the final project, the choice of materials and colours, the furniture and lighting with a wide choice of collections, carrying out and coordinating the works as well as the after sales services.
www.instore.be

BIOGRAPHIES

Cy Peys / Interior Architects   (p. 8-21, 22-35, 68-83)

Les architectes d'Intérieur Cy Peys forment une équipe qui entretient un dialogue avec l'espace à différents niveaux.
Ce bureau développe aussi bien des projets de résidences privées que des boutiques et des bureaux.
Leur recherche de simplicité et de sérénité se traduit non seulement par une approche conceptuelle mais aussi par une répartition très concrète de l'espace. Dans chaque projet, l'équipe relève le défi de donner le contenu adéquat à un espace existant par la perspicacité et l'intuition.
Dans cette optique, le souci du détail est fondamental et l'exécution parfaite – qui sort du cadre purement décoratif – contribue à l'essence de l'ensemble.
L'atmosphère créée n'est pas considérée comme la somme des différentes parties, mais comme une partie effective d'un tout, à travers les détails et l'utilisation et l'unité des matériaux.
On ressent la quête d'une ambiance palpable, de l'émanation d'un luxe évident.
Les intérieurs ne peuvent rester impassibles, mais doivent offrir une réponse chaleureuse et animée à leurs utilisateurs.
Les jeux d'ombre et de lumière, la noblesse sensuelle des matériaux, la rythmique des surfaces et des perspectives apportent une dimension d'espace aux intérieurs.
Une certaine forme de minimalisme, sans que l'on puisse qualifier le résultat final de minimaliste. Chaque volume, même le plus restreint, est perçu comme faisant partie intégrante d'un tout.
www.cypeys.com

'Aksent   (p. 36-51)

Fondé en 1995 par les architectes d'intérieur Stefan Paeleman et Katrien De Coninck, 't Aksent est un bureau d'études et une boutique de décoration.
Leur équipe s'est mise en quête d'une conception contemporaine et qualitative.
Simplicité et sérénité occupent une place prépondérante dans la création d'espaces chaleureux où il faut bon vivre et travailler. Tout comme le choix de matériaux durables de haute qualité et la réalisation exclusive sur mesure, en réponse aux exigences du propriétaire.
Dans le show-room du centre historique de Gand, où l'architecte d'intérieur Yves De Moor dispense ses conseils, on trouve une belle sélection issue de l'univers du design contemporain : Promemoria, Flexform, Ecart et d'autres marques de renom.
www.taksent.be

Instore   (p. 84-95, 96-107)

Instore a été créé en 1980 par Didier Bindels et Pierre Hoet. Dès sa création, la société se spécialise dans la vente de mobilier contemporain.
Son showroom offre aujourd'hui plus de 1500 m² à visiter dans le centre ville de Bruxelles, où sont représentées les plus grandes marques du design (essentiellement italien) tels que B&B Italia, Cassina, Flexform, Poliform, Promemoria, Alias, Casamilano, MDF Italia, Zanotta, Knoll, Vitra, ...
L'idée originale d'Instore est la gestion d'un projet depuis le contact initial avec le client jusqu'à la remise des clés, lui offrant ainsi un confort de coordination, avec Instore comme seul interlocuteur. Ceci pour tous projets résidentiels et de bureaux en Belgique et à l'étranger.
La mission d'Instore se définit par l'étude d'un avant-projet, le projet définitif, le choix des matériaux et coloris, la fourniture de mobiliers et luminaires dans un large choix de collections, la réalisation des travaux, la coordination des différents corps de métier ainsi que le service après-vente.
www.instore.be

BIOGRAFIEËN

Cy Peys / Interior Architects   (p. 8-21, 22-35, 68-83)

Cy Peys Interieurarchitecten is een team dat op verschillende schaalniveaus de dialoog aangaat met de ruimte.
Het bureau ontwerpt zowel prive-residenties, boetieks als kantoren.
Door niet alleen conceptueel te denken maar de ruimte heel concreet vorm te geven wordt gestreefd naar eenvoud en rust. Het team gaat steeds opnieuw de uitdaging aan om een bestaande ruimte door inzicht en intuïtie de juiste invulling te kunnen geven.
Hierbij is de zorg voor detail fundamenteel, de volmaaktheid van de uitvoering – niet enkel als decoratie – draagt bij tot de essentie van het geheel.
Sfeer wordt niet gezien als som van de aparte delen, maar wordt door detaillering en door de toepassing en eigenheid van materialen een wezenlijk onderdeel van het totaal.
Er wordt gezocht naar een tactiele sfeer, de uitstraling van een zekere luxe.
Interieurs mogen niet onderkoeld aanvoelen, maar dienen een warm en levendig antwoord te bieden aan hun gebruikers.
Door te spelen met licht en schaduw, zinnelijke rijkdom van materialen, ritmiek in vlakken en doorzichten, ademen de interieurs ruimte.
Een zekere vorm van minimalisme, maar het eindresultaat kan zeker niet als minimalistisch bestempeld worden. Elk deel, hoe klein ook, wordt onlosmakelijk gezien als onderdeel van het geheel.
www.cypeys.com

'Aksent   (p. 36-51)

't Aksent is een ontwerpbureau en interieurspeciaalzaak opgericht in 1995 door interieurarchitecten Stefan Paeleman en Katrien De Coninck.
Hun team streeft naar een eigentijdse, kwalitatieve vormgeving.
Eenvoud en rust zijn van primordiaal belang in het creëren van een aangename, warme woon- en werkomgeving,evenals de keuze voor duurzame en hoogkwalitatieve materialen en exclusief maatwerk dat beantwoordt aan de eisen van de opdrachtgever.
In de showroom in het historische hart van Gent, waar interieurarchitect Yves De Moor adviseert, vindt men een goede selectie uit de hedendaagse designwereld: Promemoria, Flexform, Ecart en andere gereputeerde merken.
www.taksent.be

Instore   (p. 84-95, 96-107)

Instore werd in 1980 opgericht door Didier Bindels en Pierre Hoet. Van bij het prille begin spitste het bedrijf zich toe op de verkoop van modern meubilair.
In de ruim 1500 m² grote showroom in hartje Brussel vindt men de grootste (voornamelijk Italiaanse) designmerken zoals B&B Italia, Cassina, Flexform, Poliform, Promemoria, Alias, Casamilano, MDF Italia, Zanotta, Knoll, Vitra, ...
Instore realiseert projecten van A tot Z, van ontwerp tot uitvoering, en dit in de meest verschillende domeinen: privé-woningen en appartementen, restaurants, hotels, kantoren etc. in België en in het buitenland.
De taak van Instore omvat de studie van een voorontwerp, het definitieve project, de materiaal- en kleurkeuze, de levering van meubelen en verlichting uit talloze collecties, de uitvoering van de werken, de leiding over de verschillende uitvoerders en de dienst na verkoop.
www.instore.be

BIOGRAPHIES

Ebony / Gilles de Meulemeester (p. 52-67)

Created in 1996 by interior designer Gilles de Meulemeester, the Ebony shop and design practice have become unrivalled benchmarks in interior design.

From renovation to pure concepts, Gilles de Meulemeester has carried out numerous conversions on private houses in Belgium, Paris, the south of France, London, Geneva, Berlin, Moscow, even in Aspen, Colorado.

We also owe him recognition for the redesign of restaurant Les Etangs Mellaerts, Havana Corner, the creation of the trendy Rouge Tomate as well as the classic restaurant Vieux Boisfort.

In parallel with the interior design side, Ebony also offers the public a wide range of original furniture collections, decorative articles and objects.

Famous names, selected for their quality and their compatibility with the house philosophy, can be found in the shop on Avenue Louise (Promemoria, Modenature, Ecart International, Armani Casa,...) in settings which bear the unmistakable imprint of the personality of this master of spaces.

And because Gilles de Meulemeester is particularly attached to tthe notion of "Belgian quality", Ebony also carries an exclusive range of furniture designed in collaboration with Belgian craftsmen (Amalgam, Interni Edition) which can be custom modified.

Recently (in June 2007) Gilles de Meulemeester has opened a new showroom in Paris, 64 boulevard Malesherbes 75008 Paris.

www.ebony-interiors.com

Olivier Dwek (p. 108-121)

Olivier Dwek was born in Brussels in 1970, but has British roots. Even as a child, he was passionate about the plastic arts. He took lessons in art history and enrolled at the Academie voor Schone Kunsten (Academy of Fine Arts).

In 1990, he studied at the Victor Horta architectural school at the ULB (Université Libre de Bruxelles), where he was particularly fascinated by the studio work, but often crossed swords with the academic staff.

Then followed a work placement at the Brussels architectural studio Art & Build, specialising in large-scale projects, with his first big commissions coming in 1997.

On 1 January 2000, Dwek opened his own architectural studio. The Brussels branch of Louis Vuitton was one of his first commissions, with many other boutiques following.

Dwek is a self-taught architect who is influenced by the American minimalists.

His work has received a great deal of praise in recent years: he has been featured on various covers and in 2006 was selected by the Walloon region of Belgium to convert the FN site back into a residential area. Also in 2006, one of his lofts was chosen by Dior as the location for the launch of the new Dior Homme perfume.

dwek.architectes@gmail.com

BIOGRAPHIES

Ebony / Gilles de Meulemeester (p. 52-67)

Créé en 1996 par l'architecte d'intérieur Gilles de Meulemeester, le magasin et le bureau d'étude Ebony sont devenus une référence incontournable en matière de création d'intérieur.

De la rénovation à la conception pure, Gilles de Meulemeester a signé l'aménagement de nombreuses résidences privées en Belgique, à Paris, dans le sud de la France, à Londres, Genève, Berlin, Moscou ou encore Aspen aux Etats-Unis.

On lui doit également la rénovation de restaurants comme les Etangs Mellaerts, le Havana Corner, la réalisation du cadre branché de la brasserie Rouge Tomate ainsi que celle du plus classique Vieux Boitsfort.

Parallèlement au volet architecture d'intérieur, Ebony propose au public diverses collections originales de mobilier, d'articles de décoration et d'objets.

Des grandes marques, sélectionnées pour leur qualité et leur compatibilité avec la philosophie de la maison, sont représentées dans la boutique de l'Avenue Louise (Promemoria, Modenature, Ecart International, Armani Casa,...) dans une mise en scène qui porte l'empreinte irréfutable de la personnalité du maître des lieux.

Et comme Gilles de Meulemeester est particulièrement attaché au label "Qualité belge", Ebony présente également en exclusivité une gamme de meubles conçus en collaboration avec des artisans belges (Amalgam, Interni Edition) qui peuvent être adaptés sur mesure.

Récemment (en juin 2007) Gilles de Meulemeester a ouvert son nouveau magasin à Paris 8ème, 64 boulevard Malesherbes.

www.ebony-interiors.com

Olivier Dwek (p. 108-121)

Anglais de souche, Olivier Dwek est né à Bruxelles en 1970.

Depuis sa plus tendre enfance, il se passionne pour les arts plastiques. Il a suivi des cours d'histoire de l'art et s'est inscrit à l'Académie des Beaux Arts.

En 1990, il a étudié à l'Institut d'architecture Victor Horta de l'ULB, où il s'est surtout intéressé au travail en atelier, entrant souvent en conflit avec le corps enseignant ...

Il a ensuite fait un stage au sein du bureau d'architecture bruxellois Art & Build, spécialisé dans les projets de grandes dimensions, et s'est vu confier ses premières grandes commandes dès 1997.

Olivier Dwek a ouvert son bureau d'architecture le 1er janvier 2000. Le siège bruxellois de Louis Vuitton fut l'un de ses premiers projets, suivi par de nombreuses autres boutiques.

Dwek est un architecte autodidacte. Il s'inspire des minimalistes américains.

Son travail a connu un grand nombre de retombées ces dernières années : plusieurs couvertures de magazines et de livres. Il a également été sélectionné en 2006 par la Région wallonne pour la reconversion du site FN en projet résidentiel, ... Un de ses lofts a également été choisi par Dior en 2006 pour servir de décor au lancement du nouveau parfum Dior Homme.

dwek.architectes@gmail.com

BIOGRAFIEËN

Ebony / Gilles de Meulemeester (p. 52-67)

De showroom en het studiebureau Ebony, in 1996 opgericht door interieurarchitect Gilles de Meulemeester, zijn in de loop der jaren een ware referentie geworden op het gebied van interieurdesign.

Gilles de Meulemeester heeft heel wat privé-projecten op zijn naam, gaande van renovatie tot zuiver ontwerp, in België, Parijs, Zuid-Frankrijk, Londen, Genève, Berlijn, Moskou, Aspen, ...

Hij renoveerde ook restaurants zoals les Etangs Mellaerts, de trendy brasserie Rouge Tomage, het klassiekere Vieux Boitsfort en de Havana Corner.

Parallel aan het ontwerp van interieurarchitectuur stelt Ebony eveneens diverse originele collecties voor van meubelen en decoratieve objecten.

Grote merken, geselecteerd omwille van hun kwaliteit en hun samengaan met de filosofie van het huis, worden vertegenwoordigd in de boetiek aan de Louizalaan (Promemoria, Modenature, Ecart International, Armani Casa,...) in een mise en scène die doordrongen is van de stijl van de gastheer.

En aangezien Gilles de Meulemeester veel belang hecht aan het Belgische kwaliteitslabel, stelt Ebony ook in exclusiviteit een meubelgamma voor van Belgische artisanale bedrijven zoals Amalgam en Interni Edition die ook maatwerk leveren.

Onlangs (in juni 2007) opende Gilles de Meulemeester een nieuwe showroom in Parijs, (64 boulevard Malesherbes, 75008 Paris).

www.ebony-interiors.com

Olivier Dwek (p. 108-121)

Olivier Dwek werd geboren te Brussel in 1970, maar is van Britse afkomst.

Al van kindsbeen af was hij gepassioneerd door de plastische kunsten. Hij volgde lessen kunstgeschiedenis en schreef zich in aan de Academie voor Schone Kunsten.

In 1990 studeerde hij aan de architectuurschool Victor Horta van de ULB (Université Libre de Bruxelles) waar hij vooral geboeid was door het atelierwerk, maar vaak in de clinch lag met het professoraal korps ...

Daarna volgden een stage bij het Brusselse architectuurbureau Art & Build, gespecialiseerd in grootse projecten, en eerste grotere opdrachten vanaf 1997.

Op 1 januari 2000 opende Dwek zijn eigen architectuurbureau. De Brusselse vestiging van Louis Vuitton was één van zijn eerste opdrachten, waarna vele andere boetieks volgden.

Als architect is Dwek autodidact. Hij is beïnvloed door de Amerikaanse minimalisten.

Zijn werk kende de voorbije jaren heel wat bijval: verschillende coverpublicaties, in 2006 door het Waals Gewest geselecteerd voor de reconversie van de FN site tot residentieel project, ...

Eén van zijn lofts werd in 2006 door Dior gekozen als locatie voor de lancering van het nieuwe Dior Homme parfum.

dwek.architectes@gmail.com

BIOGRAPHIES

Claire Bataille & Paul ibens (p. 122-135)

Claire Bataille (b. 1940) and Paul ibens (b. 1939) both graduated as interior architects from the National Hoger Instituut voor Bouwkunst en Stedebouw (National Higher Institute for Architecture and Urban Planning) in Antwerp in 1961. They completed their higher artistic education in 1962, also in Antwerp.
Their design studio Claire Bataille & Paul ibens Design nv, founded in 1968, has for four decades been one of Belgium's leading champions of contemporary design.
They have designed objects and furniture for companies including 't Spectrum, Bulo (H2O desk and chair), Durlet, Obumex (a kitchen design, Stool barstools and other pieces), Slegten & Toegemann, Appart (Bench, which won the ICFF Editors Award in 2001, and Table) and When Objects Work.
The design studio is best known for its many creations of interiors for houses and apartments, which combine streamlined, serene design with contemporary art.
Bataille & ibens have also designed many office spaces, boutiques and even a monastery, one of their very first projects.
In 2001, this pair of designers was awarded the Henry van de Velde Prize (Vizo) for their exceptional career.
www.bataille-ibens.be

Glenn Sestig Architects   (p. 136-193)

Glenn Sestig (b. Ghent, 1968) qualified as an architect at the Hoger Instituut voor Architectuurwetenschappen Henri Van de Velde in Antwerp.
Several of the projects he has created in Antwerp, such as the Soap and Box hairdressing salons and the Verso clothing boutique, have had a high degree of visibility from the outset.
Glenn Sestig Architects was founded in 1999, and has developed around three activities: architecture for private clients, office projects and shops, primarily in the fashion sector. As well as Verso, Glenn Sestig was responsible for creating the image of Xandres and X-line and has designed the set architecture for a number of fashion shows, including Y3 by Yohji Yamamoto for Adidas.
However, it was a fourth architectural area that won him the most enviable prize: he received the 'best club' award for his Molotov project from the international Wallpaper* jury in 2006.
Glenn Sestig also designs furniture and objects, such as his recent Regard lighting for Kreon.
Whatever the medium in which he employs his unique signature, Glenn Sestig's architecture always reveals a sensual view of luxury with a cosmopolitan aura.
www.glennsestigarchitects.com

BIOGRAPHIES

Claire Bataille & Paul ibens (p. 122-135)

Claire Bataille (° 1940) et Paul ibens (° 1939) ont tous deux décroché en 1961 leur diplôme d'architecte d'intérieur du Nationaal Hoger Instituut voor Bouwkunst en Stedebouw d'Anvers. Ils ont ensuite complété leur formation au Hoger Kunstonderwijs (toujours à Anvers) en 1962.

Leur bureau de design Claire Bataille & Paul ibens Design nv, fondé en 1968, figure depuis quatre décennies parmi les plus fervents défenseurs de l'architecture d'intérieur contemporaine en Belgique.

Ils ont créé des objets et des meubles pour 't Spectrum, Bulo (table et chaise de bureau "H2O"), Durlet, Obumex (e.a. plan de cuisine - tabourets de bar Stool), Slegten & Toegemann, Appart ("Bench", récompensé par l'ICFF Editors Award en 2001, et "Table") et When Objects Work.

Leur bureau d'études est surtout célèbre pour ses nombreux aménagements intérieurs de maisons et d'appartements qui associent formes épurées, sereines et art contemporain.

Bataille & ibens sont également à l'origine de divers bureaux, boutiques et même d'un couvent, l'un de leurs tout premiers projets.

En 2001, le duo de créateurs a reçu le prix Henry van de Velde (Vizo), qui récompense une carrière exceptionnelle.

www.bataille-ibens.be

Glenn Sestig Architects (p. 136-193)

Né en 1968 à Gand, Glenn Sestig est diplômé de l'école d'Architecture Henri Van de Velde d'Anvers. Plusieurs de ses projets, réalisés dans cette ville, ont connu d'emblée une grande visibilité comme les salons de coiffure Soap et Box ou la boutique de vêtements Verso.

1999 marque le démarrage de Glenn Sestig Architects, son bureau, qui se développe selon trois axes concomitants : l'architecture privée, les espaces de bureaux et les boutiques, principalement de mode.

Outre Verso, Glenn Sestig signe notamment l'image de Xandres et X-line. Dans le même secteur d'activités, il réalise l'architecture de la scénographie de plusieurs défilés de mode, dont Y3 de Yohji Yamamoto pour Adidas.

C'est pourtant un quatrième domaine qui lui vaut la récompense la plus flatteuse à ce jour : l'Award du meilleur club pour le projet Molotov que le jury international de Wallpaper* lui décerne en 2006.

Glenn Sestig dessine mobiliers et objets, la dernière édition en date étant les éclairages Regard pour Kreon.

Quelque soit le medium employé pour concrétiser les interventions, l'architecture de Glenn Sestig entend exprimer une vision sensuelle du luxe qui la rend cosmopolite.

www.glennsestigarchitects.com

BIOGRAFIEËN

Claire Bataille & Paul ibens (p. 122-135)

Claire Bataille (° 1940) en Paul ibens (° 1939) studeerden samen af als interieurarchitect aan het Nationaal Hoger Instituut voor Bouwkunst en Stedebouw te Antwerpen in 1961. Ze vervolmaakten hun opleiding in het Hoger Kunstonderwijs (eveneens te Antwerpen) in 1962.

Hun designbureau Claire Bataille & Paul ibens Design nv, opgericht in 1968, is al vier decennia lang één van de meest toonaangevende pleitbezorgers van hedendaagse interieurarchitectuur in België.

Ze ontwierpen objecten en meubelen voor o.a. 't Spectrum, Bulo ("H2O" kantoortafel en stoel), Durlet, Obumex (o.a. een keukenontwerp en Stool barstoelen), Slegten & Toegemann, Appart ("Bench", bekroond met de ICFF Editors Award in 2001, en "Table") en When Objects Work.

Het ontwerpbureau is vooral gekend om de vele realisaties van interieurs van woningen en appartementen waar een uitgepuurde, serene vormgeving gecombineerd wordt met hedendaagse kunst.

Daarnaast creëerden Bataille & ibens ook vele kantoorruimtes, boetieks en zelfs een klooster, één van hun allereerste projecten.

In 2001 werd het ontwerpersduo gelauwerd met de Henry van de Velde Prijs (Vizo) voor een uitzonderlijke carrière.

www.bataille-ibens.be

Glenn Sestig Architects (p. 136-193)

Glenn Sestig (Gent, °1968), is gediplomeerd aan het Hoger Instituut voor Architectuurwetenschappen Henri Van de Velde te Antwerpen.

Meerdere van zijn projecten die in Antwerpen gerealiseerd werden, hadden van meet af aan een grote zichtbaarheid : de kapsalons Soap en Box, de kledingboetiek Verso.

In 1999 werd Glenn Sestig Architects opgericht, dat zich rond drie activiteiten ontwikkelde : privé-architectuur, bureauprojecten en boetieks, voornamelijk in de modesector. Behalve Verso verzorgde Glenn Sestig ook het imago van Xandres en X-line en realiseerde hij de architectuur van de scenografie van meerdere mode-défilés, waaronder Y3 van Yohji Yamamoto voor Adidas.

Nochtans was het een vierde domein dat hem de meest benijdenswaardige prijs opleverde : de Award voor de beste club voor zijn Molotov-project door de internationale jury van Wallpaper* in 2006.

Glenn Sestig tekent meubilair en objecten, zoals recent nog de Regard verlichting voor Kreon.

Wat ook het medium is waarmee hij zijn signatuur plaatst, steeds toont de architectuur van Glenn Sestig een sensuele kijk op luxe met een cosmopolitische uitstraling.

www.glennsestigarchitects.com

PUBLISHER
BETA-PLUS publishing
Termuninck 3
B – 7850 Enghien
www.betaplus.com

PHOTOGRAPHER
Jo Pauwels, all reports, except:
p. 84-107 & 122-135: Jean-Luc Laloux
p. 2 & 136-193: Jean-Pierre Gabriel

DESIGN
Polydem – Nathalie Binart

TEXTS
Wim Pauwels, except:
p. 136-193: Jean-Pierre Gabriel

TRANSLATIONS
Laura Watkinson (English)
Txt-Ibis (French)

ISBN 13:   978 90 772 1379 7

© 2007, BETA-PLUS
All rights reserved. No part of this publication may be reproduced,
stored in a retrieval system, or transmitted in any form or by any means.
Printed in China.